KB219720

우리는
기록하는
민족이야!

일러두기

1. 이 책에 실린 세계 기록 유산은 등재순이 아니라 만들어진 시대순이다.
2. 유네스코 세계 기록 유산에 등재된 우리나라의 기록물은 총 18건이다. 2023년 5월 18일에 '4·19혁명 기록물'과 '동학 농민 혁명 기록물'이 추가되었다. 이 책에서는 2023년 이전에 등재된 16건에 대해서만 설명했다.

봄마중 청소년꿈

10대를 위한
유네스코 우리 기록 유산 이야기

우리는 기록하는 민족이야!

박세경 지음

머리말

기록하는 문화를 가졌던 우리 민족

청소년 시절에 많이 들었던 말이 있다. 우리나라 사람들은 기록하는 습관이 없고, 반면에 일본은 무엇이든지 기록을 잘한다는 것이다. 결론은 일본을 배워야 한다는 말이었다. 그런 말을 들으면서 자랐기에 항상 기록이라는 단어에 주눅이 들어 있었다. 조상들이 좀 창피했다는 게 속마음이었을 것이다.

시간이 지나면서 역사적 사실들을 알고 나니 그렇지 않았다. 오히려 그 반대였다. 우리나라의 기록 문화는 가히 세계 제일이었다. 이러한 사실은 유네스코에서 지정한 세계 기록 유산을 보면 알 수 있다.

유네스코는, 세계의 기록 유산이 인류 모두의 것이므로

훼손되거나 사라질 위기에 처한 기록물을 다음 세대에게 잘 전수되도록 지키고, 그 중요성에 대한 세계적 인식을 제고할 목적으로 1995년부터 세계 기록 유산을 지정해 오고 있다. 전 세계적으로 494건(2023년 기준)이 등재되어 있다.

한국은 총 18건이 등재되었다. 이는 세계에서 다섯 번째로 많은 것이며 아시아·태평양 지역에서는 가장 많다. 우리가 예로부터 문화강국이라 여겨 왔던 중국보다도 많은 것이다. 특히 기록을 잘해 왔다는 일본은 우리에게 한참 못 미친다.

우리 민족이 누구보다 기록하는 문화를 갖고 있었음에도 우리는 너무도 몰랐던 것이다. 이런 사실을 알고 나니 조상에 대한 자부심과 더불어 벅차오르는 감동을 느낄 수 있었다. 창피함이 자부심으로 바뀐 것이다. 이제라도 우리에 대해 제대로 알 수 있는 기회가 온 것은 다행한 일이다.

우리 조상들은 자신이 한 일을 매우 꼼꼼하게 기록으로 남겼다. 살펴보면 나라 통치에 관한 것들로 《조선왕조실록》, 《승정원일기》, 《일성록》, 《조선 왕조의궤》 등이 있다.

《조선왕조실록》은 편년체 방식으로 조선에서 일어나는 전반적인 역사를 왕의 사후에 편찬해 기록한 역사서다. 《승정원일기》는 조선 시대 왕명의 출납을 맡아보던 승정원에서 작성한 일기로, 왕을 중심으로 한 정치현장을 기록한 책이다. 인조 이전의 《승정원일기》는 사라지고, 인조 이후만 남아 있는데, 아직도 번역을 하고 있을 정도로 분량이 많다. 《일성록》은 나라에서 일어난 일을 항목별로 일목요연하게 정리해 기전체 형식으로 작성한 조선 정부의 공식적인 기록이다. 《조선 왕조의궤》는 조선 시대에 국가에서 치렀던 행사를 마치 현장에 있는 것처럼 세세하고 꼼꼼하게 기록한 것으로 그림까지 곁들여 무척 아름답다.

이렇듯 역사를 기록하는 데 있어서도 한 가지 방법으로만 한 것이 아니라 다양한 각도에서 기록했다. 각각의 방식으로 기록했기에 《조선왕조실록》이나 《승정원일기》 모두가 유네스코 세계 기록 유산에 등재될 수 있었다.

하나의 민족이 자신의 고유 언어와 문자를 갖는다는 것은 매우 자랑스러운 일이다. 《훈민정음해례본》은 한글의 탄생에 대해 알려 주는 책이다. 우리 고유한 문자인 한글이 언제 탄생했고, 왜 세종대왕이 한글을 만들었는지 밝히며, 한글의 쓰임새를 설명한 책이다.

세계 최초의 금속 활자본이라 증명된 《불조직지심체요

절》 하권, 세계 최고의 인쇄와 출판 기술을 보여 주는 '고려 대장경판 및 제경판'은 당시 고려가 세계 수준의 문화 강대국이었음을 알려 준다.

조선 시대를 관통해 만들었던 '조선어보'와 '어책'들은 조선의 왕이 지향하고자 했던 정신을 보여 준다. 17~19세기 조선과 일본의 평화적 관계를 유지하는 데 큰 역할을 한 '조선 통신사에 관한 기록물'은 가깝고도 먼 나라 일본과의 관계를 다시 생각해 보게 한다.

기록하는 습관은 현대까지 이어졌다. 대한 제국이 일본에 진 빚을 전 국민이 나서서 갚으려 한 '국채 보상 운동에 대한 기록물', 냉전 시대에 전쟁의 아픔과 상처를 치유한 KBS 특별 생방송 '이산 가족을 찾습니다'와 같은 기록물로 이어졌고, 우리의 민주화뿐만 아니라 동아시아 국가의 민주화에도 영향을 미친 '1980년 인권 기록 유산 5·18 민주화 운동 기록물'은 우리에게 기록이 얼마나 중요한지를 알려 주고 있다.

해외 여행을 다녀본 사람들은, 외국에는 엄청난 규모의 문화재, 예를 들면 피라미드나 만리장성, 스핑크스, 베르사유 궁전 등 깜짝 놀랄 만한 문화재가 많은데, 우리나라에 있는 문화재는 작고 화려하지 않다고 아쉬운 소리를 한다.

우리 선조들은 외모에 치중하지 않았다. 피라미드나 만리장성 같은 대규모의 공사는 몇십 년씩 백성을 혹사시킨다. 그렇기 때문에 그런 것을 짓지 않았다. 만약 대규모 공사에 백성을 오랫동안 동원시켰다면 백성들은 상소를 올리고 일의 정당성을 다투는 논쟁을 벌였을 것이다. 그러면서 상소의 내용과 논쟁의 내용을 자세하게 적었을 것이다. 그만큼 우리 선조들은 기록을 중요시했다.

우리 선조들은 눈만 뜨면 기록하기 시작해, 잠잘 때까지 기록하는 일을 멈추지 않았다. 그 기록물들을 읽어 봄으로써 그들이 어떤 삶을 살아왔고, 어떤 생각을 갖고 있었는지 알아볼 수 있다. 조상을 알면 지금의 나와 우리를 이해하는 데 도움이 된다.

이 책은 유네스코 세계 기록 유산에 등재된 우리의 기록물을 살펴본 것이다. 특히 '우리가 만들어 낸 기록 유산'에 방점을 찍었다. 유네스코에서 지정한 우리나라의 세계 기록 유산이 우리 역사에서 어떤 의미를 가지며, 어떤 역할을 했고, 그 안에서 우리 조상들은 무슨 생각을 했고, 어떤 행동을 했는지를 살펴보는 것이 이 책의 본질이다.

현대의 것도 있지만 대부분이 고려 시대나 조선 시대의 기록 문화이기에 한자로 된 용어가 많다. 쉽게 풀어쓰려고 했고, 주를 달기도 했지만 이해가 쉽지 않을 것이다. 그러한 불편을 감수하고 인내심을 갖고 읽어 주었으면 한다.

차례

머리말 · 5

01 나라를 지키려는 마음을 담다

고려대장경판 및 제경판 · 15

02 세계에서 가장 오래된 금속 활자본

《불조직지심체요절》 하권 · 35

03 한국사 연구의 기본 자료

《조선왕조실록》 · 53

04 한글의 창제 원리를 밝히다

《훈민정음해례본》 · 75

05 한국학 연구의 보물 창고

《승정원일기》 · 87

06 조선 기록 문화의 꽃

조선 왕조 〈의궤〉 · 103

07 왕 개인의 일기에서 국가 공식 기록으로

《일성록》 · 117

08 조선의 왕이 지향하고자 했던 조선의 정신

조선 왕실의 어보와 어책 · 127

09 집단 지성으로 인류 공동체 건설

한국의 유교 책판 · 135

10 백성을 위한 공공 의료

《동의보감》 · 141

11 이순신 장군의 진중 일기

《난중일기》 · 153

⑫ 가깝고도 먼 나라, 일본과의 관계

조선 통신사에 관한 기록 · 159

⑬ 전 국민이 참여한 경제 주권 회복 운동

국채 보상 운동 기록물 · 173

⑭ 개발도상국에게 국가 모델이 되다

새마을운동 기록물 · 187

⑮ 우리나라 민주화의 밑돌

1980년 인권 기록 유산 5·18 민주화운동 기록물 · 191

⑯ 전쟁의 아픔과 상흔을 딛고 평화로

KBS 특별생방송 '이산가족을 찾습니다' 기록물 · 203

나라를 지키려는 마음을 담다

고려대장경판 및 제경판

• 등재 연도 : 2007년 • 소장 및 관리 기관 : 해인사(경상남도 합천군)

왕권 강화에 도움을 준 불교

불교는 모든 고통의 원인이 욕심에서 생긴다고 보고 욕심을 버리고 마음의 평화를 찾아가는 개인적인 종교라고 말할 수 있다. 그런데 불교가 창시국 인도에서 중국을 거쳐 우리나라에 어떻게 들어와 자리를 잡았는지 살펴보면 매우 아이러니하다.

부처님이 왕이었다는 사실은 정치를 하는 왕들에게는 매우 매력적이었다. 끊임없는 수행을 한 왕을 믿으라고 하면서 왕권을 강화할 수 있었기 때문이다. 중국에서 왕권을 강화하는 데 불교가 도움이 되었다는 사실을 알고, 삼국은 모두 불교를 받아들였다. 개인적인 종교였던 불교는 역설적이게도 왕권을 강화하기 위해 받아들여진 것이다.

부처님의 말을 모은 대장경

불교의 창시자인 석가모니 부처님의 말은, 살아 있을 때는 기록되지 못했다. 부처님이 열반에 들고 입적한 뒤, 제자들은 부처님의 가르침을 후세에 전하기 위해 기록으로 남기기로 했다.

제자들은 부처님이 했던 말을 "내가 들은 바는 이와 같다."(여시아문)라고 말하면서 기록했다. 부처님의 말을 널리 알리기 위해 만든 기록물을 '대장경'이라 한다. 초기에는 부처님의 말을 다라나무 이파리인 '패다라'에 산스크리트어로 남겼다. 그래서 이때 만들어진 대장경을 '패엽경'이라고 한다.

부처님의 제자들이 기록한 문자는 산스크리트어였다. 인도에서 중국으로 불교가 전해지면서 부처님의 말을 한자로 번역해 기록했다. 제일 처음 만든 목판 대장경은 중국 북송 태조 4년(972년)에 만들기 시작해 태조 8년(983년)에 완성한 '북송관판대장경'이다. 이것은 금나라의 침입으로 대부분 없어졌다가 5,048권 가운데 최근 10여 권이 발견되었다고 한다.

고려 시대 때 만든 대장경을 '고려대장경'이라 하고, 나무나 금속에 불경을 새긴 판을 '경판'이라고 한다. 2007년 유네스코에서 세계 기록 유산으로 지정된 것은 해인사에 보관된 고려대장경판과 다른 여러 경판이다.

우리보다 먼저 불교를 받아들인 중국에서도 송나라 때 대장경을 만들었는데, 고려에서 만든 대장경이 세계 기록 유산으로 지정된 이유는 무엇일까?

가장 완벽한 고려대장경 

대장경은 부처님의 말을 담은 것이기에, 내용이 정확해야 한다. 고려대장경의 내용을 검증하고 판각을 지휘한 사람은 개태사의 승통, 수기 스님이었다. 대장경은 양이 방대하기 때문에 수기스님 혼자 전체를 총괄할 수는 없었다. 대장경을 만드는 작업에는 200여 명 정도의 '사경승'[1]이 더 필요했다.

그들은 이미 간행된 '북송관판대장경'과 '거란판대장경', 고려의 '초조대장경'을 비교하고 검토해 오류를 바로잡았다. 1247년 고려대장경의 교정 기록이 30권 분량의 《고려국신조대장교정별록》에 담겨 있다. 이것은 수천 권에 달

1 불경을 옮겨 쓰는 스님.

하는 경전을 고대 동아시아 학자들이 대조·교정·편집한, 즉 고려대장경의 탄생 과정을 보여 주는, 지금까지 남아 있는 유일한 기록물이다. 그 때문에 고려대장경은 대장경 가운데 가장 정확하고 완벽하다는 평가를 받고 있다. 이러한 사실은 일본, 중국, 대만 등에서 불교 대장경을 만들 때 고려대장경을 저본으로 사용했다는 점에서도 알 수 있다.

고려대장경판은 전 세계에 현재까지 남아 있는 30여 종의 대장경판 중에서 가장 정확하고, 가장 완벽하고, 가장 오래된 대장경판이다. 그래서 대장경의 원본 역할을 하고 있다. 이런 이유로 유네스코 세계 기록 유산으로 지정될 수 있었던 것이다. 현재 보존되어 있는 대장경판은 고려 시대에 만든 것과 조선 시대에 다시 새긴 것(보유판), 그리고 일제 강점기 때 다시 새긴 것을 포함해 총 81,352판이다.

고려대장경의 초간본인 초조대장경은 1011년(현종 2)부터 1087년(선종 4)까지 76년 동안 만들어졌다. 1100년에는 대각국사 의천이 초조대장경을 보완하는 '속장경'을 만들었다. 초조대장경은 몽골의 2차 침입(1232년) 때 불타 버렸고, 판본 일부만 남아 있다. 속장경은 송광사에 일부 경판이 남아 있으며, 일부 판본은 일본에 있다.

고려는 나라를 일으키고 강하게 하기 위해서는 군대를 키우는 것보다 불교를 통해 온 백성의 마음을 모으는 것이 더 중요하다고 생각했다.

현종 때 거란이 침입해 오자(993년, 제1차 침입), 대구 팔공산 부인사에 도감을 설치해 6,000여 권의 불경을 만들었고 문종 때 완성했다. 이를 처음 만든 대장경이라 '초조대장경판'이라 부른다. 초조대장경의 인쇄된 일부는 일본에 전해졌다.

그 후에 대각국사 의천(1055~1101년)이 교장도감을 설치하고 '속대장경'을 만들었으나 몽골의 침입으로 사라지고 일부만 남아 있다.

몽골의 침입으로 온 나라가 폐허가 된 고려는 수도를 개성에서 강화도로 옮기고 대몽항쟁을 계속하면서 불교의 힘으로 몽골을 몰아내고자 대장경을 다시 만들려고 했다. 당시 최씨 정권의 권력자 최우를 중심으로 1236년(고종 23) 임시 관아인 대장도감을 설치했다.

국난극복의 상징물

이규보가 지은 문집 《동국이상국집》의 〈대장각판군신기고문〉에는 거란군이 침입했을 때 초조대장경을 새겼더니 거란군이 물러난 것처럼 이번에도 대장경을 새길 것이니 온 세상의 여러 부처님들이 포악한 오랑캐를 물러나게 해 달라는 내용이 적혀 있다.

대장도감을 설치한 후, 1251년(고종 38)에 총 81,137장의 대장경을 완성했다. 8만 장이 넘었기에 '팔만대장경판'이라고 하며, 다시 만든 대장경이라는 의미에서 '재조대장경판', 고려 시대에 대장도감에서 만들어서 '고려대장도감판'이라고도 하며, 합천에 있는 해인사에서 보관하고 있어 '해인사고려대장경판'이라고도 한다.

고려는 거란과 몽골의 침입으로 백성들이 매우 힘들었다. 그렇기에 백성들의 마음을 모으는 것이 중요했고 불교로 어려움을 극복하려 했다. 그러한 노력이 고려대장경으로 탄생해 우리에게는 자랑스러운 문화재가 되었다. 물론 760년 넘게 고려대장경을 보관하고 있는 장경판전 역시 중요한 문화재이다.

현전하는 유일하고 완벽한 경전

대장경에는 부처님의 가르침뿐 아니라, 불경을 만들고 연구한 사람들의 믿음까지 담겨 있다. 그래서 당시 사람들의 세계관이나 인간관을 엿볼 수 있다.

또 인도에서 발생한 불교이기에 불교의 진리를 설명하는 경문에는 인도의 문화가 실려 있다. 이를 통해 당시 인도 사람들의 생활상과 관심사도 살펴볼 수 있다. 불교는 중앙아시아를 거쳐 중국으로 전해지고, 동아시아로 전해지는 과정에서 불경이 한문으로 번역되었다. 번역하는 과정에서 중앙아시아, 중국 그리고 동아시아의 문화와 사상이 들어가고 그들의 일상도 포함되었다. 그래서 그 안에는 중국인들의 문화와 생활, 동아시아 문화권의 모습도 살펴볼 수 있다. 또 고려에서 만들었으므로 고려 시대의 철학적·사상적 수준도 엿볼 수 있다.

대장경을 만드는 과정

경판 만들기—나무 고르기

경판은 인쇄를 하기 위해서 만드는 판을 말한다. 이미 고려는 세계 최초로 금속 활자 인쇄본인《불조직지심체요절》을 간행할 정도로 인쇄 기술이 어느 나라보다 앞서 있었다. 그러나 금속 활자가 이미 발명되었음에도 대장경은 목판 인쇄를 했다. 목판 인쇄가 쉽고 편하기 때문이었다. 금속 활자는 금속을 구하기 어렵고 인쇄할 때 불편하다는 단점이 있었다.

나무는 속성상 시간이 흐르면 뒤틀리고 갈라지고 벌레가 갉아먹고 급기야 썩는다. 하지만 고려대장경은 780년이 지난 지금도 당시의 상태 그대로 보존되어 있다. 그 비밀은 무엇일까? 대장경은 나무를 고르는 것에서 시작해 인쇄까지 여러 단계를 거치는데, 각 단계에 세심한 공정이 있다.

경판에 사용된 나무들

어떤 나무로 만들었는지 알아보기 위해 학자들이 대장경판을 전자 현미경으로 살펴보았더니 산벚나무, 돌배나무, 후박나무, 층층나무 등 우리나라, 특히 남해 부근에서 손쉽게 구할 수 있는 나무들이 사용된 것을 알 수 있었다. 이 나무들은 단단하면서도 조각하기에 편했다. 단단한 나무는 글자를 새기기는 힘들지만 오랫동안 보관할 수 있다. 한아름 굵기의 나무를 세로로 자르면 여러 장의 경판이 나온다. 나이테는 여름에는 넓고 무르게 생기고 겨울에는 좁고 단단하게 생긴다. 나이테가 고르게 퍼져 있어야 글을 새기기에 적당하므로 기온의 변화가 크지 않은 곳에서 자란 나무가 좋다. 그런 면에서는 산벚나무가 경판에 가장 좋다.

경판을 만들기 위해서는 우선 경판에 쓸 나무를 90cm 정도의 길이로 자르고 1년 이상 묵힌다. 묵히면서 나무에 들어 있는 진을 빼는데, 나무를 벤 다음 바로 쓰면 나중에 판자가 갈라지고 휘어지기 때문이다. 1~2년에 걸쳐 진을 뺀 나무를 3년 동안 바닷물에 담가 둔다. 소금은 나무가 썩거나 벌레가 먹는 것을 막아 준다.

그다음 나무를 건져 소금물에 삶고 나무 겉면에 소금을 발라 그늘에 말린다. 잘 말린 나무를 원하는 크기에 맞춰서 자르고, 양쪽 면을 평평하게 깎아 목판을 만든다. 이제 인쇄할 내용을 새기면 된다.

목판에 판각하기

목판을 판각하는 곳으로 옮겨 각수[2]들이 목판에 글자를 새긴다. 그전에 미리 목판에 새기는 글자를 한지에 써야 하는데, 경문을 베끼는 일을 하는 사경원들이 경판 크기에 맞도록 한지에 불경을 한 글자씩 쓴다. 이때 쓴 글씨는 중국 당나라의 서예가 구양순(557~641)체인데, 한 사람이 쓴 것처럼 보이게 글씨체를 통일해 써야 한다. 추사 김정희가 "사람이 쓴 것이 아니라 마치 신선이 내려와 쓴 것 같다"고 할 정도로 대단한 수준의 판각예술품이다. 판에 붙여서 인쇄할 내용을 쓴 종이를 '판하본'이라 하는데 이것을 경판에 뒤집어 붙이고 돋을새김으로 새기면 된다. 대장경을 모두 판각하는 데는 12년이 걸렸다. 간기[3] 면에 1248년이라 적혀 있기 때문이다.

글자를 새긴 판은 뒤틀어지지 않도록 판 양끝에 각목으로 마구리를 덧대고 옻칠을 해 마무리한 뒤 네 귀에 동판을 장식하면 경판이 완성된다. 고려대장경 경판 하나의 크기

2 나무나 돌 따위에 조각하는 일을 직업으로 하는 사람.

3 간행한 주체와 관련한 사항을 적는 곳.

는 세로 24cm, 가로 68~78cm, 무게는 약 3kg 정도다.

양쪽 면에 모두 경문을 새기되 한 면에 23행, 14자씩 새겼는데, 일률적이지는 않다. 글자 크기는 1.5cm 정도이다. 대부분의 대장경이 글자를 새긴 것이지만 그림을 새긴 경판도 있다.

대장경을 만드는 과정

1. 좋은 나무를 고른다.
2. 나무가 썩거나 벌레 먹는 것을 방지하고 단단해지도록 바닷물에 3년 동안 담가 둔다.
3. 소금물에 삶아 그늘에서 잘 말린다.
4. 깨끗하게 다듬어 판을 만든다.
5. 내용을 쓴 종이를 붙이고 한 자 한 자 새긴다.
6. 판이 뒤틀리지 않도록 판의 양쪽 끝에 마구리를 댄다.
7. 옻칠을 한 후 마무리 손질을 한다.

대장경을 만든 목적은 부처님의 말을 세상에 널리 알리고 나라를 지키는 것이다. 나라를 지키려고 만드는 국가적

일이었기에 대장경이 완성되고 나면 왕이 직접 나서서 백성들에게 알렸다. 《고려사》에는 1248년에 대장경이 완성되었고, 그 후 1251년 9월 고종이 서문 밖 대장경판당에 행차해 대장경판 완성을 축하했다는 기록이 나온다.

대장경을 달라고?

대장경은 만들고 싶다고 만들 수 있는 것이 아니다. 경전을 원전대로 완벽하게 정리하고 그 인쇄판을 만들 수 있는 문화적·경제적 배경이 있어야만 할 수 있는 일이다. 중국에서도 만들기는 했지만 보관하지 못했고, 일본은 만들어 낼 능력조차 없었다.

그러다 보니 일본은 고려 말부터 우리나라에 대장경판 인출을 몇십 차례 요청해 왔다. 심지어 조선 세종 때는 일본의 국사가 조선에 들어와 대장경판을 주지 않으면 죽겠다고 단식을 한 적도 있었다. 물론 단식은 6일 만에 끝났다. 세종은 왜국에 하사할까 고민하기도 했지만, 대장경을 주고 나면 더 큰 요구를 해 올지도 모른다는 생각에 내 주지 않았다.

1915년에는 일본 총독 데라우치가 대장경을 교토에 있는 절 센유사에 봉안하려고 인쇄해 가져갔다. 고려대장경판을 일본으로 반출하려다가 어려워지자 인쇄된 것만 가져간 것이다. 이것은 동경 제국 대학 도서관에 기증되었다가 1923년 관동 대지진 때 불타고 말았다. 이때 인쇄된 1부는 서울대학교 도서관에, 다른 1부는 동국대학교에서 보관하고 있다. 동국대학교에서는 1953년에서 1976년까지 해인사대장경판의 보급과 보존을 위해 '고려대장경'이라는 이름으로 영인축소판을 만들어 세계 각국의 유명한 도서관으로 보냈다.

천 년이 지나도 변치 않는 비결

고려대장경판은 800년이 다 되어 가는데도 만들 때의 그 모습 그대로 해인사 장경판전에 남아 있다. 이 대장경판은 지금이라도 인쇄를 할 수 있다. 매우 보관이 잘되었다는 뜻이다.

대장경판은 몇 번의 위기가 있었다. 앞에서 말한 것처럼 일본이 고려대장경판을 요구한 것이 첫 번째 위기였다. 고려대장경판의 무게가 280톤 정도 되므로 만약 주었다 해도 옮기지는 못했을 것이다. 데라우치 총독이 일본으로 가져가려다 실패한 이유도 무게 때문이었다.

두 번째 위기는 임진왜란이었다. 비록 승리하기는 했으나 임진왜란은 우리 역사에 많은 해악을 끼쳤고 문화재에도 최악의 결과를 가져왔다. 전쟁이 일어나면 많은 것이 불에 타고 사라진다. 특히 나무로 만들어진 것은 더욱 그렇다. 나무로 된 우리나라의 많은 문화재들이 임진왜란 때 불탔다. 고려대장경 역시 위기를 겪었는데, 승병과 의병의 방어 덕분에 살아남을 수 있었다.

나무의 천적은 화재다. 고려대장경판을 보관하고 있는 해인사에도 몇 번의 화재가 발생했다. 1800년대 초에 대적광전에 화재가 일어났다. 대적광전은 고려대장경이 보관되어 있는 장경판전과 담 하나를 사이에 두고 있었다. 다행히도 대적광전의 불이 장경각까지 옮겨 붙지 않았고 사람들은 부처님의 보살핌이 있었다고 말하기도 했다.

세 번째는 한국 전쟁이었다. 이때도 많은 문화재가 불에 타 버렸다. 맥아더 장군의 인천 상륙작전으로 북으로 갈 수 없게 된 북한군들은 남쪽에서 계속 전투를 했다. 그들은 산속에 있는 절을 중심으로 저항했기 때문에 한국군과 미국군은 북한군의 거점이었던 절을 없애려고 했다. 당시 북한군이 있던 가야산 해인사에도 폭격 명령이 떨어졌다. 출격 명령을 받은 김영환 대령은 해인사가 아니라 주변에만 폭탄을 떨어뜨렸다. 고려대장경의 문화적 가치를 잘 알고 있었기 때문이다. 군인으로서는 명령불복종이었다. 미군 소령이 그 이유를 묻자 김영환 대령은 해인사에 있는 북한군을 죽인다고 해서 전투에 큰 영향을 미치지 못할 것이고, 세계적인 보물인 대장경을 지키기 위해서였다고 말했다. 그의 말에 감탄한 미군 소령은 김영환 대령에게 거수경례를 하고 더 이상 책임을 묻지 않았다고 한다.

이렇듯 고려대장경은 여러 번 위기가 있었지만, 그때마다 그것을 지키려는 사람들 덕분에 지금까지 우리에게 전해지고 있다.

한글 대장경

산스크리트어로 되어 있는 대장경을 한자로 번역해 보급한 데 이어, 이제 대장경을 한글로 읽을 수 있는 시대가 왔다. 1964년 3월 동국대학교에서는 '역경원'을 설립해 대장경 번역을 시작했고 1965년부터 매년 8권씩 간행해 2001년에 318권을 완간했다.

해인사 장경판전

신라 의상대사의 법손[4]인 순응, 이정 두 스님이 신라 40대 왕 애장왕의 도움으로 창건한 해인사는 유서 깊은 천년고찰이다. 이곳 해인사 장경판전은 고려대장경을 보관하고 있는데 그로 인해 해인사는 불교 교육과 지식의 보존 등 불교 학문 연구의 중심지가 되어 왔다. 해인사는 통도사, 송광사와 더불어 삼보사찰[5] 가운데 하나인 법보사찰로 지정

4 부처님의 자손이라는 뜻으로, 한 스승으로부터 불법을 이어받은 대를 이은 불제자.

되었다.

해인사 고려대장경판전은 해인사에서 가장 오래된 건축물로 국보 제52호로 지정되었다. 건축물의 과학성과 우수성이 인정되어 1995년에 유네스코 세계 문화 유산으로 등재되기도 했다.

장경판전은 건축할 때 숯가루와 소금, 횟가루, 모래 등을 이용해 건물의 습도를 조절함으로써 나무로 된 경판이 썩거나 벌레가 먹지 않도록 했다. 통풍이 잘 되도록 창문의 크기를 위아래 차이가 나게 만들었는데, 이 덕분에 목판이 틀어지지 않고 썩지 않는다.

해인사 깊숙한 곳에 자리한 장경판전은 건물 4채로 이루어져 있다. 화강암으로 주춧돌을 놓고, 가운데가 가장 굵고 위아래가 가느다란 배흘림기둥을 세웠다. 4개의 추녀마루가 동마루에 몰려 붙는 우진각지붕을 얹었으며 서남향의 건물이다.

5 세 가지 보물을 갖고 있는 절이라는 뜻으로 불보사찰, 법보사찰, 승보사찰을 가리킨다. 부처님의 진신사리를 봉안하고 있는 통도사는 불보사찰, 고려 시대에만 16분의 국사를 키워낸 송광사는 승보사찰이다.

세계에서 가장 오래된 금속 활자본

《불조직지심체요절》 하권

• 등재 연도 : 2001년 • 소장 및 관리 기관 : 프랑스 국립도서관

승려들의 교과서

상하 2권으로 된 이 책의 정식 이름은 무척 길다.《백운화상초록불조직지심체요절(白雲和尙抄錄佛祖直指心體要節)》이다. 길어서 간략하게《불조직지심체요절》이라 하며, 책의 중앙에 붙어 있는 제목은《직지》이다.

이 책은 고려 시대 스님 백운화상이 75세 때(1372년) 스님들에게 선한 일을 하게 만들고 선풍을 전승해 법맥을 계승케 하고자 선(禪)의 깨달음에 대한 내용을 뽑아 저술한 것을, 스님이 입적한 뒤 제자 석찬과 달담이 비구니 묘덕 스님의 시주를 받아 청주에 있는 흥덕사에서 1377년 7월에 금속 활자로 인쇄한 것이다.

책 이름 자체가 상당히 어렵다. '직지심체'는 '직지인심견성성불(直指人心見性成佛)'이라는 오도(悟道)[1]의 명구에서 나온 말로 '사람이 마음을 바르게 깨달을 때 그 심성이 바로 부처님의 마음이라는 것을 깨닫게 된다'는 뜻이다. 누구나 마음을 올바로 가지면서 수행해 도를 깨치면 불성을

1 번뇌에서 벗어나 부처님의 세계에 들어갈 수 있는 길.

체득해 부처님이 될 수 있다는 말이다.

이 책에는 불교의 발상지 인도와 중국 그리고 우리나라의 승려 145명의 작품에서 뽑은 운문, 노래, 찬가, 경전, 서신, 시 형식의 글이 실려 있다.

고려 말기에는 정치와 사회가 어지럽고, 국교인 불교 역시 혼란하고 타락해 갔다. 백운화상은 부처님의 정신을 구현하지 못하고 차츰 세속에 물들어 가는 불교의 모습을 안타까워했다. 그는 불교 문헌 가운데 좋은 글을 뽑아 스님들을 교육시키려 했는데 그런 의미에서 이 책은 스님들이 불교를 공부하는 교과서라 할 수 있다.

《직지》는 상·하 두 권으로 간행되었는데, 상권은 지금까지 발견되지 않았고 하권은 프랑스 국립도서관에 있다. 원래 39장에서 1장이 사라져 38장만 남아 있다. 《직지》가 불교의 귀중한 문헌이라는 점에서도 중요하지만, 유명하게 된 것은 다른 이유가 있다. 바로 세계에서 가장 오래된 금속 활자 인쇄본으로 2001년에 유네스코 세계 기록 유산으로 등재되었기 때문이다.

여기서 궁금해진다. 상권은 어디 있는지도 모르는데, 어떻게 우리나라의 세계 기록 유산으로 등재가 되었을까?

세계에서 가장 오래된 금속 활자본

《직지》의 위대성은 인쇄의 역사성에 있다. 바로 금속 활자로 인쇄한 세계에서 가장 오래된 책이라는 점이다. 우리나라 사람들이야 잘 알고 있지만 전 세계 사람들은 대부분 모르는 게 현실이다.

이 사실이 증명되기 전까지는 독일의 구텐베르크가 1455년에 인쇄한《42행 성서》가 가장 오래된 금속 활자본이었다. 물론 지금도 그렇게 알고 있는 사람들이 많다. 홍보를 제대로 하지 못한 우리의 잘못이기도 하다.

그렇다면《직지》가 세계 최초의 금속 활자라는 것은 어떻게 증명이 되었을까? 여기에는 박병선 박사의 공이 매우 크다. 아니 박병선 박사가 아니었다면《직지》의 위대성은 알려지지 않았을 것이다. 박병선 박사는《직지》를 찾아냈을 뿐만 아니라, 세계 최초로 금속 활자로 인쇄되었다는 것을 증명했다.

박병선 박사는 1955년에 프랑스로 유학을 떠났다. 한국 여성 최초의 프랑스 유학생 비자를 받았고 소르본 대학교와 프랑스 고등교육원에서 역사학과 종교학으로 박사학위를 받았다. 서울대학교 사범대학에서 역사교육학을 공부한 그녀는 프랑스 유학을 떠나기 전, 은사인 이병도 교수를 만났고 이 자리에서 이병도 교수는 프랑스에 가면 병인양요 때 프랑스가 약탈해 간 고서가 많이 있을 테니 찾아보라고 말했다.

1967년 동베를린 간첩단 사건(동백림사건)이 터지면서 박병선 박사는 프랑스로 귀화했다. 그리고 프랑스 국립 도서관에서 사서로 근무하면서 도서관에 있는 동양 책, 특히 한국 관련 책들을 시간 나는 대로 찾았다. 그러다 어느 날 도서관 구석에 있는 《백운화상초록불조직지심체요절》 하권을 발견했다. 상권은 없고 첫 장이 찢겨진 상태의 하권에서 '주자(鑄字)'[2]라는 글자를 보는 순간 직감적으로 심상치 않은 책이라는 것을 알아챘다. 책을 살펴보며 고려 말기의 고승 경한(백운화상)이 엮은 책이며, 입적하고 3년 뒤 1377년 7월에 청주 흥덕사에서 금속 활자로 인쇄했다는 것을 알아냈다. 그것도 최초의 금속 활자본이라 알려진 구텐베르크의 《42행 성서》보다 78년이나 앞서 인쇄된 책이라는 사실

2 금속을 녹여 부은 활자라는 뜻.

까지 말이다.

그러나 구텐베르크의 《42행 성서》가 최초의 금속 활자본이라 굳게 믿고 있던 서양 사람들에게 《직지》가 그보다 앞선 금속 활자본이라는 것을 증명하는 것은 쉬운 일이 아니었다. 목판 활자와 금속 활자의 차이를 알아내고, 그 차이를 실제로 증명하기 위해 프랑스에 있는 대장간을 찾아다니며 금속 활자의 실험을 해 보았다. 각고의 노력 끝에 드디어 1972년 '책의 역사 종합 박람회'에서 《직지》가 세계 최초의 금속 활자 인쇄본이라는 사실을 증명했다. 이로써 세계 출판의 역사를 다시 쓰게 된 것이다.

안타깝게도 한국의 책이라는 사실이 증명되었음에도 《직지》는 아직 프랑스에 있다. 우리나라가 돌려받고자 수없이 노력했지만 아직도 돌아오지 못하고 있다. 그런데 이 책은 언제 프랑스로 갔을까?

왜 프랑스로 갔을까?

1866년(고종 3)에 프랑스 함대가 강화도를 침범했다. 이것이

병인양요이다. 당시 대원군은 쇄국정책을 펼쳤는데, 그중 하나로 천주교를 탄압했다. 그때 프랑스 리델 신부가 중국으로 탈출해 텐진에 있던 프랑스의 로즈 제독에게 병인박해 사실을 알리자, 프랑스 함대가 강화도로 쳐들어왔던 것이다.

프랑스군은 약 40일 정도 강화도에 있다가 돌아갔는데, 물러나면서 탄압에 대한 보복으로 강화도 관아에 불을 지르고 많은 책과 무기, 보물 등을 가지고 돌아갔다.

그런데 왜 강화도에 책들이 있었던 걸까? 정조는 즉위하면서 1776년 창덕궁에 왕실 도서관 '규장각'을 설치하고 왕이 쓴 글과 왕실 관련한 책을 보관해 왔다. 정조는 임진왜란과 병자호란 등 전쟁과 이괄의 난과 같은 정변을 겪으면서 왕실이 보관하고 있던 많은 책들이 없어졌다는 사실을 안타까워했다. 안전한 곳에 책을 보관해야겠다고 생각한 정조는 강화도에 '외규장각'을 설치했다. 창덕궁에 있는 규장각은 내규장각, 강화도에 있는 규장각은 외규장각이라 부른다. 정조가 강화도에 외규장각을 설치한 것은 병자호란이나 몽골의 침입 때 섬인 강화도가 안전한 장소라 생각했기 때문일 것이다.

프랑스는 병인양요를 계기로 조선과 국교를 맺었으며, 콜렝 드 플랑시가 1888년 초대 한국 주재 대리공사로 서울에 왔다. 그는 서기관 모리스 꾸랑에게 서지 목록을 만들게 하면서 조선의 고서와 도자기를 수집했고, 조선에 있던 3년 동안 많은 책을 프랑스로 보냈다. 그 뒤 일본에서 5년 근무하다가 다시 조선으로 돌아와 1896년부터 10년간 총영사 겸 서울 주재 공사로 있으면서 한국의 고서적을 수집했다. 플랑시가 처음 임기 동안 작성했던 서지 목록에는 《직지》가 없었던 것으로 보아 2차로 부임했을 때 수집한 것으로 추측한다. 그는 《직지》가 귀한 책인 줄 모르고 많은 수집품들 중 하나로 생각한 채 프랑스로 가져갔다.

1911년 플랑시는 《직지》를 경매시장에 내놓았고, 앙리 베베르라는 사람이 180프랑을 주고 샀다. 베베르가 죽자 그 부인이 또다시 경매에 내놓았는데 팔리지 않자 1950년에 프랑스 국립도서관에 기증했다. 프랑스 국립도서관에서는 이 책의 중요성을 모른 채 그야말로 도서관 구석에 처박아놓았고 그것을 박병선 박사가 찾아낸 것이다.

《직지》가 금속 활자로 인쇄되었다는 증거들

첫째 《직지》는 상·하 2권으로 제작되었는데, 지금은 하권만 있다. 하권 마지막 장에 '선광 7년 정사 7월 청주목 외 흥덕사 주자인시'라고 적혀 있다. 1377년 7월 청주목 교외에 있는 흥덕사에서 주조한 활자로 인쇄했다는 말이다.

둘째 《직지》는 세로 11줄, 각 줄에 18자 정도를 배열했는데, 행렬이 삐뚤삐뚤하고 들쭉날쭉하다. 심지어 글자가 거꾸로 들어간 것도 있다. 글자가 흐리게 인쇄된 것도 있고 진하게 인쇄된 것도 있다. 이것은 활자 인쇄를 할 때 나타나는 자연스러운 현상이다. 그러므로 《직지》는 금속 활자로 인쇄된 것이 맞다.

《직지》로 알아보는 간략한 인쇄 문화 

인류에게 정보는 예나 지금이나 굉장히 중요한 역할을 한다. 정보를 쥐고 있는 사람이 앞서 나가는 사회이기 때문이다. 그렇기에 정보를 기록하기 위한 방법으로 문자를 발명했고, 주위에서 얻을 수 있는 재료를 가지고 정보를 기록했다.

진흙점토를 이용하거나 대나무 조각, 바위, 파피루스 등이 그 증거이다. 또한 종이의 발명은 인류 문명의 4대 발명품이라 할 정도로 인류에게 커다란 영향을 미쳤다. 그다음 발전단계인 인쇄 기술은 대량의 지식과 정보를 보급할 수 있었기에 인류의 역사에서 매우 중요하다. 인쇄 기술 덕분에 인류는 많은 발전을 이루어 왔다.

중국 북송에 살았던 필승이라는 사람은 찰흙으로 '교니활자', '도활자'를 만들어 인쇄를 시도했다. 흙이라는 것은 단단하지 않기 때문에 인쇄에 적합하지 않은데 필승은 여기에 짐승의 가죽, 힘줄, 뼈 등을 진하게 고아서 굳힌 아교를 넣어 단단하게 한 다음, 깎아서 글자를 새기고 불에 구웠다. 그렇게 했는데도 흙이라는 재료의 특성은 사라지지 않아 쉽게 깨졌고, 인쇄할 때도 움직임이 심해 제대로 인쇄가 되지 않았다. 그래서 진흙 활자는 실용성이 없었다.

활자란 '살아 있는 글자'라는 뜻으로 한 개 한 개가 움직이는 글자이다. 즉 글자가 낱개로 움직인다는 뜻이다. 네모난 육면체의 기둥에 글자가 볼록하게 튀어나오게 새긴 다음 각 활자를 모아서 한 줄로 늘어놓아 인쇄를 하는 것이다. 책을 인쇄하려면 글자 수만큼의 활자가 있어야 하며, 그 활자를 조합해야 한다. 만든 글자가 잘못되었을 경우에는 그 글자만 수정하면 되므로 편리하다. 목판 인쇄는 나무판에 1페이지 전체를 새기기 때문에 한 글자가 틀리면 판 전체를 다시 만들어야 한다.

진흙 활자 다음에 등장한 것은 나무 활자다. 흙보다 단단한 나무는 구하기도 쉬웠을 뿐만 아니라, 인쇄를 한 다음 그것을 해체해서 다시 인쇄에 쓸 수 있었다. 그렇지만 나무는 물에 약하고 나뭇결의 조밀도 차이 때문에 활자를 깎은 면이 고르지 않아 인쇄를 하면 인쇄 상태가 조잡했다. 또 나무를 깎아 글자를 만들어야 했기 때문에 시간이 많이 걸렸고, 비용도 많이 든다는 단점이 있었다. 나무가 쉽게 갈라지거나 터져 버려 많은 부수의 인쇄를 하기에도 부적합했다. 그러나 부수가 적은 책을 인쇄할 때는 목판이 편리하고 경제적이다. 그래서 금속 활자가 발명된 후에도 목활자는 조선 후기까지 양반 가문에서 개인 문집이나 족보를 인쇄할 때 사용했다.

진흙 활자와 나무 활자를 거쳐 금속 활자가 발명되었다.

고려 시대가 되자 책을 읽으려는 사람들이 많아졌고, 인쇄를 해야 할 필요성이 늘었다. 목활자로 인쇄를 하면 활자가 닳아 버리는 속도가 빨라, 목활자를 만드는 사람도 무척 많이 필요했다. "필요는 발명의 어머니"라는 말처럼 책의 수요가 늘어나자 금속 활자를 개발하게 된 것이다. 그리고 금속을 녹이고 합성하는 기술이 발달한 것도 큰 몫을 했다.

당시 금속 활자를 찍어 누르는 기술은 활자를 만드는 기술만큼 발달하지 못했다. 그 탓에 인쇄가 흔들려서 조잡하고 불안했다. 각각의 글자(활자)를 흔들림 없이 찍어야 하는데, 그러지 못했기 때문에 우리나라에서는 세계 최초로 금속 활자가 발명되었음에도 대량 인쇄로 발전하지 못했다. 그리고 모든 인쇄를 금속 활자로 인쇄할 정도로 금속이 풍부하지도 않았다.

인쇄 방법으로 분류할 때 《직지》는 두 가지가 있다. 목판본으로 인쇄한 것이 있고, 금속 활자로 인쇄한 금속 활자본도 있다. 이중에서 금속 활자본이 유네스코 세계 기록 유산으로 등재된 것이다. 《직지》의 목판본은 1378년(우왕 4년) 6월에 금속 활자본을 바탕으로 해서 백운화상이 입적한 여주 취암사에서 제자 법린 등이 목판본으로 간행한 것이다.

가장 오래된 목판 인쇄 《무구정광대다라니경》

활자의 단점을 보완한 인쇄 방식으로 목판 인쇄가 있다. 목판 인쇄는 커다란 나무판에 글자를 한꺼번에 새겨 인쇄를 하므로 흔들리지 않고 정확하게 인쇄되는 장점이 있으나, 글자 하나라도 잘못 새기면 전체 판을 쓸 수 없는 단점이 있다.

현재까지 남아 있는 가장 오래된 목판 인쇄물은 우리나라의 《무구정광대다라니경》이다. 704~751년 사이에 만들어진 것으로 추정되는 《무구정광대다라니경》은 가로 52센티미터, 세로 6.7센티미터가량 되는 닥나무로 만든 종이를 12장 이어 찍은 7미터 정도 되는 두루마리 형식의 책이다. 751년(경덕왕 10)에 불국사를 고쳐 지으면서 석가탑을 세울 때 봉안[3]된 것으로 추정하고 있다.

《무구정광대다라니경》이 발견된 것은 아이러니하다. 문화재를 몰래 훔쳐 파는 유물 도굴단 네 명이 한밤중에 불국사로 숨어들어 석가탑의 옥개석[4]을 들어내다가 잡혔다. 그

3 신주나 화상을 받들어 모심.

과정에서 탑 안에 들어 있던《무구정광대다라니경》이 발견된 것이다. 어떻게 보면 도굴단 덕분에 세계적으로 가장 오래된 목판 인쇄물을 보유하게 된 것이다.

그전까지는 일본에서 776년에 인쇄했다는《백만탑다라니》가 세계 가장 오래된 인쇄물로 알려졌는데《무구정광대다라니경》이 발견되면서 무려 20년 정도 앞서 인쇄되었음이 증명되었다.

또한 중국에서는《무구정광대다라니경》이 중국 낙양에서 인쇄해 우리나라로 가져왔다는 주장을 했다. 근거로 690~704년에 재위한 당나라 측천무후가 만든 한자(측천무후자)가《무구정광대다라니경》에 있다는 것을 들었다. 그러나《무구정광대다라니경》이 인쇄된 종이가 신라 시대 닥종이로 밝혀졌고 경주 구황리 3층 석탑에서 발견한 사리함에 '《무구정광대다라니경》을 함께 안치했다'라고 새긴 글씨와 석가탑에서 발견한《무구정광대다라니경》의 권미제[5] 글씨가 같은 사람이 썼다는 필적감정이 나왔다. 이러한 이유들

4 석탑에 지붕처럼 덮는 돌.

5 책의 마지막 부분에 제작에 참여했던 사람들을 적은 글

로《무구정광대다라니경》이 세계에서 가장 오래된 목판 인쇄본으로 증명되었다.

《무구정광대다라니경》과《직지》덕분에 우리나라는 세계에서 인쇄 강국이라는 이름을 얻게 되었다.

《고금상정예문》을 찾아가

지금 세계적으로 가장 오래된 금속 활자인쇄본은 공식적으로《직지》이다. 이것은 책이 남아 있어서 인정받은 것인데, 이 책보다 더 먼저 금속 활자로 인쇄된 것은 없을까?

1239년(고종 29)에 최씨 무신정권의 일인자 최이(최충헌의 아들)가 주자본,《남명천화상송증도가》를 목판으로 복각한 것이 알려졌다. 즉 금속 활자본은 남아 있지 않은데, 금속 활자본을 목판에 다시 새겨낸 것이다. 이것으로 미루어 보면 1239년에도 금속 활자로 인쇄가 되었음을 알 수 있다.

고려 중기의 문신 이규보의 문집《동국이상국집》에는 1234년에《고금상정예문》[6]이 해지자 주자로 28부를 다시 인쇄한다는 기록이 실려 있다.《고금상정예문》은 지금 남아 있지 않다. 이 책을 찾는다면 세계에서 가장 오래된 금속 활자본의 명성은 《고금상정예문》에게 넘어갈 것이고 인쇄의 역사도 다시 써야 할 것이다.

세계 기록 유산 등재의 뒷이야기

유네스코 한국위원회는 1998년 《불조직지심체요절》 하권을 유네스코에 세계 기록 유산으로 등재신청을 했다. 그러나 우리나라에서 만든 것임은 분명하지만, 우리나라가 가지고 있는 것이 아니라 프랑스에서 보관하고 있다는 문제가 있었다. 그래서 안건으로 상정되지도 못했다.

그러자 유네스코에서는 프랑스와 공동신청을 권유했지만 프랑스가 거부했다. 2001년 청주시에서 제5차 유네스코 세계 기록 유산 자문회의를 유치하면서 다시 회의 안건으로 올라왔고, 마침내 세계 기록 유산으로 등재될 수 있었다.

6 고려 인종 때 최윤의 등 17명이 왕명으로 고금의 예법에 관한 글을 모아 엮은 책.

한국사 연구의 기본 자료

《조선왕조실록》

• 등재 연도 : 1997년 • 1,893권 888책 5,400만 자 • 국보 151호

• 소장 및 관리 기관 : 서울대학교 규장각(정족산본, 오대산본·상편), 국가기록원(태백산본)

역사를 기록한다는 것

조선은 1392년 이성계가 세운 나라이다. 전 왕조인 고려의 종말을 지켜본 조선은 더 좋은 나라를 만들기 위해 많은 노력을 기울였다. 불교 국가였던 고려와 달리 조선은 성리학을 통치 이념으로 삼고 통치 체제를 정비했다. 왕과 사대부로 대표되는 조선의 상층부는 성리학을 기반으로 한 어진 마음과 바른 행동으로 왕도 정치를 추구했고, 백성들에게는 유교 윤리를 강조했다.

그런 까닭에 조선 왕조는 역사 기록을 중요하게 생각했다. 기록은 기록한다는 의미와 더불어 후대 사람들이 본다는 전제가 있다. 조선의 정치가들은 국왕일지라도 정치를 할 때는 후대 사람들의 평가를 염두에 두었다. 자신이 죽고 난 뒤에 얼굴도 모르는 후손이 내리는 평가는 두려운 일이다. 그런 까닭에 공명정대하게 나랏일을 처리하고자 했으며, 조상이 남긴 역사 기록을 보고 후손들이 모범으로 삼아 정치하기를 바랐다.

《조선왕조실록》은 조선을 세운 태조 시대 때부터 조선의 운명이 다하는 날까지 조선의 역사적 사실을 망라해 기록한 대표적인 역사책이다. 긴 역사만큼 《조선왕조실록》의 양은 방대하다. 조선의 역사가 다양한 분야에서 백과사전 방식으로 편찬된 데다 지금까지 잘 보존되어 왔기에, 유네스코에서 지정하는 세계 기록 유산에 등재될 수 있었다.

왕이 사망한 다음에 편찬

《조선왕조실록》은 현대에 붙인 이름이다. 태조 시대에 있었던 일을 기록한 실록은 《태조실록》, 정조 시대의 일을 기록한 실록은 《정조실록》이라 이름 붙였다. 일제 강점기에 들어서서 조선 왕조의 실록 전체를 《이조실록》이라 칭했으나, '이조'라는 명칭이 적당하지 않다고 하여 1955년 10월 12일 《조선왕조실록》이라 공식적인 명칭으로 확정했다. 참고로 북한은 《리조실록》이라 말한다.

조선의 왕은 태조에서 시작해 순종으로 막을 내렸다. 그러나 《고종황제실록》과 《순종황제실록》은 일제 강점기에 일본인들의 지시와 참견으로 편찬된 탓에 많은 사실이 왜곡되었다. 긴 시간 편찬해 온 실록의 가치를 훼손한 것이

<table>
<tr><th>왕대</th><th colspan="2">명칭</th><th>권수</th><th>책수</th><th>편찬연대</th></tr>
<tr><td>1</td><td colspan="2">태조실록</td><td>15</td><td>3</td><td>1413(태종 13)</td></tr>
<tr><td>2</td><td colspan="2">정종실록(공정왕실록)</td><td>6</td><td>1</td><td>1426(세종 8)</td></tr>
<tr><td>3</td><td colspan="2">태종실록</td><td>36</td><td>16</td><td>1431(세종 13)</td></tr>
<tr><td>4</td><td colspan="2">세종장헌대왕실록</td><td>163</td><td>67</td><td>1454(단종 2)</td></tr>
<tr><td>5</td><td colspan="2">문종대왕실록</td><td>13</td><td>6</td><td>1455(세조 1)</td></tr>
<tr><td>6</td><td colspan="2">단종실록(노산군일기)[1]</td><td>14</td><td>6</td><td>1469(예종 1)</td></tr>
<tr><td>7</td><td colspan="2">세조혜장대왕실록</td><td>49</td><td>18</td><td>1471(성종 2)</td></tr>
<tr><td>8</td><td colspan="2">예종양도대왕실록</td><td>8</td><td>3</td><td>1472(성종 3)</td></tr>
<tr><td>9</td><td colspan="2">성종대왕실록</td><td>297</td><td>47</td><td>1499(연산군 5)</td></tr>
<tr><td>10</td><td colspan="2">연산군일기</td><td>63</td><td>17</td><td>1509(중종 4)</td></tr>
<tr><td>11</td><td colspan="2">중종대왕실록</td><td>105</td><td>53</td><td>1550(명종 5)</td></tr>
<tr><td>12</td><td colspan="2">인종대왕실록</td><td>2</td><td>2</td><td>1550(명종 5)</td></tr>
<tr><td>13</td><td colspan="2">명종대왕실록</td><td>34</td><td>21</td><td>1571(선조 4)</td></tr>
<tr><td>14</td><td colspan="2">선조소경대왕실록</td><td>221</td><td>116</td><td>1616(광해군 8)</td></tr>
<tr><td>14</td><td colspan="2">선조소경대왕수정실록</td><td>42</td><td>8</td><td>1657(효종 8)</td></tr>
<tr><td rowspan="2">15</td><td rowspan="2">광해군일기</td><td>태백산본
(중초본)</td><td>187</td><td>64</td><td>1633(인조 11)</td></tr>
<tr><td>정족산본
(정초본)</td><td>187</td><td>40</td><td>1653(효종 4)</td></tr>
<tr><td>16</td><td colspan="2">인조대왕실록</td><td>50</td><td>50</td><td>1653(효종 4)</td></tr>
<tr><td>17</td><td colspan="2">효종대왕실록</td><td>21</td><td>22</td><td>1661(현종 2)</td></tr>
<tr><td>18</td><td colspan="2">현종대왕실록</td><td>22</td><td>23</td><td>1677(숙종 3)</td></tr>
<tr><td>18</td><td colspan="2">현종대왕개수실록</td><td>28</td><td>29</td><td>1683(숙종 9)</td></tr>
<tr><td>19</td><td colspan="2">숙종대왕실록</td><td>65</td><td>73</td><td>1728(영조 4)</td></tr>
<tr><td>20</td><td colspan="2">경종대왕실록</td><td>15</td><td>7</td><td>1732(영조 8)</td></tr>
</table>

20	경종대왕개수실록	5	3	1781(정조 5)
21	영종대왕실록	127	83	1781(정조 5)
22	정종대왕실록	54	56	1805(순조 5)
23	순조대왕실록	34	36	1838(헌종 4)
24	헌종대왕실록	16	9	1851(철종 2)
25	철종대왕실록	15	9	1865(고종 2)
	합계	1,893	888	태백산본 실록 전체는 총 1,707권, 848책
26	고종황제실록	52	52	
27	순종황제실록	22	8	

다. 엄밀한 의미에서 이 두 실록은 진정한 의미의《조선왕조실록》이라 보기 어렵다. 그래서 일반적으로《조선왕조실록》이라 하면《태조실록》부터《철종실록》까지를 말한다.

《조선왕조실록》은 조선 왕조가 끝난 다음에 한꺼번에 편찬한 책이 아니라 각 왕이 사망하고 난 다음, 다음 왕이 편찬한다. 예를 들면 태종이 사망한 다음, 그다음 왕인 세종이《태종실록》을 편찬한다.

춘추관이라는 관청은 역사 기록을 주 업무로 하는데, 왕이 사망하면 춘추관 안에 임시로 '실록청' 또는 '찬수청'을 설치한다. 영의정이나, 좌의정, 우의정 등 조정 관리들이 총재관이 되고, 대제학과 문필 명망가가 도청 및 각방의 당상으로 임명되어 《조선왕조실록》을 편찬한다.

적지 말라는 것까지 적었던 사관

조선 초기에는 예문관에 소속되어 있는 사관들이 2명씩 매일 교대하면서 왕이 펼치는 정사나 왕의 동정 등을 기록했다. 조선 중기에는 승정원의 주서도 사관의 일을 했다. 사관은 역사를 편찬하고 역사서의 초고를 맡아보는 사람이다.

《조선왕조실록》 등 조선의 역사를 기록한다는 사관의 책임감과 사명감은 대단했다. 왕이 정치를 하면 사관은 모든 국무회의에 입시[2]해 왕이 정치한 내용(시정)을 모두 기록한다. 왕은 사관이 없으면 어느 누구도 혼자 만나지 못한다. 왕이 하는 모든 말을 기록해야 하기 때문이다. 드라마나 영

1 《단종실록》의 처음 이름이다. 1457년(세조 3)에 단종이 노산군으로 격하되었기에 《노산군일기》라 명칭을 붙였으나 1704년(숙종 30)에 《단종실록》으로 바뀌었다.

2 대궐에 들어가서 임금을 뵙던 일.

화에서 누군가가 왕과 독대하는 장면은 사실 잘못된 것이다. 이렇게 사관이 입시하는 것은 왕이 마음대로 권력을 행사하는 것을 막고 견제하기 위해서였다.

사관이 기록한 원고를 '사초'라 하는데, 《조선왕조실록》의 원고가 된다. 사관들은 왕이 하는 말과 지시 사항, 행동 등 그야말로 왕이 하는 모든 것을 기록한다. 그들은 왕이 어디를 가든지 집요하게 따라다니며 적었다. 심지어 적지 말라는 왕의 명령에 적지 말라고 말한 내용까지 적을 정도였다. 직업의식이 그만큼 투철했다.

입시사초와 가장사초

사초에는 두 가지가 있다. 하나는 임금이 있는 모든 곳에서 행해지는 정치를 사관이 입시해 기록한 사초로 '입시사초'다. 전임 사관을 비롯해 수찬관[3] 이하의 사관을 겸임한 관

3 춘추관에서 시정을 기록하는 일을 맡아보던 정삼품 당상관 벼슬. 승정원의 승지, 홍문관의 부제학이 겸임함.

리들이 현행 사건을 기록하는 것이다. 이 사초는 시정기[4]의 자료로 사용하기 위해 춘추관에 제출한다. 더불어 사관은 서울과 지방의 관청에서 매월 시행한 안건들을 모아 연월일 순으로 종합해 정리하는 일도 했다.

이렇게 정리한 것들을 춘추관에 보고를 하면, 예문관원 2명이 춘추관에서 점검하고 순서대로 편집해 '춘추관시정기'를 작성했다. 보통 한 달에 1권씩 춘추관시정기를 작성했으나, 사건이 많을 때는 2권 이상 작성하기도 했다. 이런 방식으로 해마다 책으로 편집해 왕에게 보고하고, 3년마다 인쇄해서 해당 관아, 의정부, 사고에 보관했다.

두 번째는 정치 현장에서 벌어진 비밀스러운 일 등을 기록해 집에 보관해 두는 사초인데, 이를 '가장사초(家藏史草)'라 한다. 공적인 기록을 개인이 보관한 이유가 있다. 실록을 만들기 전에 다른 사람이 보면 안 되기 때문에 사관들이 각자의 집에 보관하는 것이다. 실록을 편찬할 때가 되면 실록청에 제출한다.

사관이 작성한 사초와 춘추관에 보관한 춘추관시정기가

4 임금의 업무 가운데 역사에 남을 만한 자료를 사관이 추려서 적은 기록.

실록을 작성하는 기본 자료이다. 그 외에 각 관청에서 작성한《각사등록》, 승정원에서 기록한《승정원일기》뿐만 아니라, 개인의 문집과 일기도 실록의 자료가 된다.

조선 후기에 가면 조선 정부의 관보인《조보》, 군국의 사무를 맡아보던 관아인 비변사에서 기록한《비변사등록》, 조정과 신하에 대해 기록한 일기《일성록》도 자료로 쓰였다. 조선 정부의 관아에서 기록한 모든 것이 실록의 기초 자료가 된다.

이렇게 각 관청으로부터 기초 자료를 수집하면 먼저 연월일 순으로 분류한다. 연대순으로, 즉 일이 발생한 시간 순서대로 역사를 기록하는 방식인 '편년체' 형식으로 실록을 작성한다. 국가의 업무를 처리한 것은 물론 국왕과 신하들에 대한 정보, 외교, 군사, 법률 경제, 산업, 교통, 통신, 사회, 풍속, 지리, 천문, 음양, 과학, 의약, 문학, 음악, 미술, 공예, 학문, 사상, 윤리, 도덕, 종교 등 조선 시대의 모든 분야와 관련한 역사적 사실을 기록한다.

1604년 독일의 천문학자 케플러가 발견한 초신성은《조선왕조실록》에도 기록되어 있다. 선조 37년(1604년) 9월 21일(양력 10월 13일)부터 약 7개월 동안 130여 차례 초신성의 위치와 밝기를 관측한 결과가 적혀 있다.

처음에 작성한 실록을 '초초(初草)'라 한다. 초초 가운데 잘못 기록된 부분이 있거나 추가해야 할 부분이 있으면 '중초(中草)'를 작성한다. 중초를 다시 읽으며 총재관과 도청당상이 문장과 체제를 통일하고 잘못된 부분을 고치고, 첨삭이 필요한 부분을 작업해 '정초(正草)'를 만든다. 이렇게 세 번을 작성하고 수정한 다음 최종본을 만든다. 최종 완성된 정초본을 인쇄해 사고에 보관한다.

종이를 씻어 흔적을 없애라

실록을 완성한 뒤에 꼭 하는 작업이 있다. '세초(洗草)' 작업이다. 말 그대로 종이에 쓴 글씨를 물에 씻어 글을 쓴 흔적을 없애는 것이다. 조지서[5]가 있는 자하문 밖 세검정 너럭바위 차일암에 차일을 치고 흐르는 시냇물에 사초와 초초, 중초를 세초한다. 그다음 종이를 너럭바위 위에서 말렸다.

5 종이 만드는 일을 관리, 담당했던 관서.

한지는 물에 씻어도 다시 글씨를 쓸 수 있을 정도로 품질이 좋았다. 지금도 한지의 품질은 세계적 수준을 자랑한다.

실록청에서 세초를 하는 이유는 몇 가지가 있다. 첫 번째는 귀한 종이를 재사용하기 위해서였다. 사료 편찬에 쓰인 종이는 엄청나게 많았다. 물에 씻어 먹물을 빼내고 말려서 다시 쓰는 것은 물자절약의 기본이었다. 아마도 세검정 바위 위에서 선비들이 흐르는 시냇물에 종이를 씻는 모습은 진풍경이었을 것이다.

두 번째 이유는 사초 때문에 벌어질지 모르는 화를 미리 방지하려는 것이다. 사관들이 기록한 사초는 여러 번 수정하고 보완해 실록으로 완성한다. 사관에 따라 사건이나 정치를 바라보는 시각이 다르고, 그 과정에서 사관들이 당파에 따라 다른 견해를 갖기도 한다. 그렇기에 여러 번 수정하면서 기록하는 것이다. 만약 완성되기 전의 기록을 남겨둔다면 당리당략에 따라 사관들이 화를 당할 수도 있었다. 그 때문에 불씨를 미리 없애기 위해 완성된 책만 남겨두고 과정에서 있었던 자료는 모두 없애는 것이다.

실록 편찬은 국가적으로 굉장히 중대한 일이었다. 세초가 끝나면 임금은 고생한 실록청 종사자와 사관들을 위해

'세초연'을 베풀었다. 연회는 차일을 쳤던 너럭바위에서 성대하게 치러졌다.

왕도 못 보는 사초

사관은 독립성과 비밀성을 보장받았고 조선의 국시였던 유교의 통치 이념에 따라 왕이 제대로 정치를 하고 있는지 소신 있게 기록했다. 사초는 국왕이라도 마음대로 볼 수는 없었다. 정치를 잘한 부분도 기록하지만 잘못한 점과 왕의 선악, 신하들의 간사한 면 등 매우 비밀스러운 부분까지도 기록하기 때문에, 사관 이외에는 아무도 보지 못하도록 한 것이다. 만약 왕이 볼 수 있다면 왕의 보복이나 처벌이 두려워 사관이 소신 있게 기록을 할 수 없을 것이다.

그렇지만 왕이 사초의 내용을 알게 되면서 일어난 사건이 있다. 평소 연산군은 자신을 따라다니며 사사건건 자신에 대해 기록하는 사관이 제일 무섭다고 말했음에도 1498년(연산군 4)에 《성종실록》(1499년에 완성)에 실린 사초 〈조의제문〉[6]을 트집 잡아 이미 죽어 무덤 속에 있는 김종직의 관을 파헤쳐 목을 베었다. 그리고 《성종실록》을 편찬할 때 이극돈의 비행을 그대로 쓰고 〈조의제문〉을 실록에 실었다는 이유로 김일손을 비롯한 많은 선비들을 죽이고 귀양을 보냈다. 이것이 무오사화이다.

물론 연산군이 《성종실록》을 직접 보지는 않았다. 문제가 된 부분을 신하가 베껴 쓴 것을 전해들은 것이고, 본인에 대한 기록이 아니라 아버지인 《성종실록》의 일부였는데도 이런 큰 일이 일어난 것이다.

위기에서 《조선왕조실록》을 구출하라

《조선왕조실록》은 완성되고 나면 '사고'에 보관한다. 사고는 실록만 보관하는 것이 아니라 국가의 중요한 책들도 함께 보관했다. 사고를 담당하는 전임사관이 일정한 규례에 따라 3년에 한 번씩 사고에서 책들을 꺼내어 바람에 쐬고

6 성종 때 김종직이 연산군의 증조할아버지인 세조의 왕위 찬탈을 빗대어 지은 글. 항우가 초나라 회왕인 의제를 죽인 고사를 비유했다.

별에 말렸다.

맨 처음 만든 《태조실록》을 비롯해 《정종실록》, 《태종실록》은 고려 시대의 실록을 보관하고 있던 충주사고에 봉안했다. 그러다 1439년 6월 사헌부의 건의에 따라 전주와 성주에 사고를 새로 설치했고, 1445년 11월까지 3부를 더 등사해 총 4부를 춘추관, 충주, 전주, 성주의 사고에 각 1부씩 보관했다. 《세종실록》부터는 정초본 외에 활자로 3부를 더 인쇄, 간행해 4사고에 각각 1부씩 봉안했다.

춘추관과 충주사고, 성주사고에 보관되던 실록은 1592년(선조 25)에 일어난 임진왜란으로 불에 타 사라졌고 다행하게도 전주사고의 실록만이 살아남았다.

전주사고에 있던 실록을 지켜낸 사람은 전라도 태인의 선비인 안의와 손홍록이다. 이들은 1592년 6월에 왜군이 금산에 침입했다는 소식을 듣고 《태조실록》부터 《명종실록》까지 13대의 실록 804권과 다른 소장 도서들을 정읍의 내장산으로 옮겨놓았다. 1593년 7월에 내장산에서 실록을 넘겨받은 조선 정부는 해주와 강화도를 거쳐 묘향산으로 옮겼다. 전쟁이 끝난 뒤 재정이 궁핍했지만 조선 정부는 1603년 7월부터 1606년 3월까지 실록 804권을 인쇄해 출판했다. 각 실록당 3부를 출판해 전주사고에 있던 실록 원본 1부와 교정본 1부를 합해, 실록은 모두 5부가 되었다.

1부는 서울의 춘추관에 두었고, 4부는 강화도 마니산, 경상도 봉화의 태백산, 평안도 영변의 묘향산, 강원도 평창의 오대산 등 깊은 산속이나 섬에 사고를 새로 만들고 각각 1부씩 보관했다. 춘추관, 태백산, 묘향산에는 새로 인쇄한 책을, 마니산에는 전주사고에 있던 원본을, 오대산에는 교정본을 보관했다. 그 뒤부터 실록은 5부를 간행하게 되어 5사고에 1부씩 나누어 보관했다.

그 뒤 1624년(인조 2)에 이괄의 난[7]이 일어나 또 한 차례 고비를 맞았다. 춘추관이 소장하고 있던 실록이 불타버린 것이다. 그 뒤로 춘추관에는 실록을 보관하지 않고, 인조 이후에는 4부를 간행해 4사고에 각각 1부씩 나누어 보관했다.

후금(1636년에 청으로 이름을 바꿈)과의 관계가 점점 악화되면

7 인조반정 때 공을 세운 이괄이 논공에서 우대받지 못하고 평안 병사 겸 부원수로 좌천되자 이에 불만을 품고 난을 일으켰다가, 실패하고 일부가 후금으로 도망쳐 국내의 불안한 정세를 알리며 남침을 종용했는데, 이것이 1627년(인조 5) 정묘호란의 원인이 되었다.

서 1633년에 묘향산사고에 있던 실록을 전라도 무주의 적상산사고로 옮겼다. 1636년에 일어난 병자호란은 청이 조선에 군신관계를 요구하는 등 굴욕을 안겨 주었다. 이때에도 실록이 파손되었다. 청나라 군대에 의해 파손된 마니산사고의 실록은 현종 때 보수하고, 1678년(숙종 4)에 강화도 정족산에 새로 사고를 지어 옮겼다. 그렇게 철종까지의 실록은 정족산, 태백산, 적상산, 오대산의 4사고에 보관되어 왔다.

1910년 일제는 우리나라를 강제로 점령하면서 실록을 대거 옮겼다. 정족산과 태백산사고의 실록은 규장각도서와 함께 조선총독부로 옮겼고, 적상산사고의 실록은 구황궁[8] 장서각으로 이관했다. 또한 오대산사고의 실록은 일본의 동경 제국대학으로 가져갔는데 1923년의 일본 관동대지진 때 대부분 불타서 없어졌다.

조선총독부로 이관했던 정족산본과 태백산본은 1930년에 규장각도서와 함께 경성 제국대학으로 옮겨왔다. 경성 제국대학은 1946년 9월에 국립 서울대학교가 발족하면서

8 대한 제국 때에 있던 황실의 궁전.

서울대학교에 통합되어 정족산본과 태백산본은 서울대학교 규장각에서 소장하고 있다. 태백산본은 1980년대 부산에 있는 국가기록원 부산기록관으로 이관되었다. 일본으로 반출되었다 관동대지진 때 살아남은 오대산본 47책은 2006년에 서울대학교 규장각으로 반환되었다. 적상산본도 구황궁 장서각에 그대로 소장되고 있었으나, 광복 직후의 실록 도난 사건으로 없어진 것도 있다. 1950년 한국 전쟁 당시 북한 측에서 가져가 김일성 종합대학 도서관이 소장하고 있다고 한다.

현재 서울대학교 규장각에는 정족산본과 태백산본, 오대산본의 남아 있는 실록이 소장되어 있다. 정족산본과 태백산본은 국보 제151호로 지정되었다.

《조선왕조실록》의 가치

우리 조상들은 역사를 기록해 후대에 전달하겠다는 생각으로 《조선왕조실록》을 편찬하는 데 많은 노력과 정성을 다했고, 보관하는 데도 심혈을 기울였다. 그렇다면 《조선왕조실록》은 어떤 가치를 가졌을까?

첫째 《조선왕조실록》은 태조부터 철종까지의 25대 군주의 실록이며 472년이라는 긴 시간의 역사를 기록한 것이다. 같은 유교문화 국가인 일본, 중국, 베트남 등과 비교해서도 《조선왕조실록》처럼 오랜 세월 동안 기록한 유례가 없다.

둘째 《조선왕조실록》은 1,893권 888책, 총 5,400만 자가 되는 방대한 양으로 세계 최고다. 물론 한자로 기록해 읽기가 어려운 점이 있으나, 지금은 모두 한글로 번역이 되었고, 디지털 작업이 완료되어 누구나 쉽게 읽을 수 있다. '권'은 내용상 구분해 나눈 단위이고, '책'은 종이를 묶은 단위를 뜻한다. 《태조실록》 15권 3책은, 15개 장이 3권으로 나뉘어 수록되었다는 뜻이다.

셋째 《조선왕조실록》에 실려 있는 내용은 백과전서라 할 수 있을 정도로 다양하다. 조선 시대의 정치, 외교, 사회, 경제, 학예, 종교, 천문, 지리, 음악, 과학, 자연 재해, 천문 현상, 외교 등 다양한 분야의 역사가 담겨 있을 뿐 아니라, 국왕에서 서민에 이르기까지 조선 시대를 살았던 사람들의 생활 기록이 담겨 있다. 그렇다고 해도 국왕과 조선의 중심인 왕실과 조정 중심으로 기록했기에 일반 백성들의 삶이 나 당시 사회의 전반적인 것을 알기에는 좀 부족하다는 아쉬움이 남는다.

넷째 《조선왕조실록》은 국왕이라 할지라도 함부로 볼 수 없었다는 점에서 사관의 독립성과 비밀성 그리고 진실성과 신빙성이 높은 역사 기록물이다.

다섯째 《조선왕조실록》은 활자로 인쇄 간행된 금속 활자 인쇄본이다. 조선이 활자를 개량하고 인쇄할 수 있는 수준 높은 기술과 문화를 가지고 있었음을 보여 준다.

여섯째 조선이 지속된 기간 동안, 즉 472년이라는 긴 세월 동안 여러 번의 고비를 넘기면서도 그 많은 《조선왕조실록》이 원본 그대로 보존되었다는 사실은 실로 놀라운 일이다.

일곱째 《조선왕조실록》은 조선의 역사를 연구하는 것은 물론 동아시아의 일본, 중국, 몽골 등의 역사연구나 관계사를 연구하는 데에도 귀중한 기본 자료가 된다.

역사를 기록하는 다양한 방식

① 편년체

편년체는 시간 중심의 서술 방식으로 연도마다 일어난 일을 순서대로 기술한다. 가장 편리한 서술 방식이지만 한 사건에 관련한 자료가 한꺼번에 실리지 못하고 시간 순서대로 나열되므로 그 사이에 다른 사건이 끼어든다는 단점이 있다. 편년체로 서술한 가장 대표적인 역사서는 《조선왕조실록》이며, 《승정원일기》도 편년체로 기록한 책이다.

② 기전체

기전체는 사람이나 왕조를 중심으로 그 전체 이야기를 기록하는 방식이다. 대표적인 기전체 역사서는 《삼국사기》인데 고구려, 백제, 신라를 중심으로 편찬하되 그 외의 나라 옥저, 마한, 왜(일본), 중국 등은 보충 설명으로 기록했다. 사건의 전모를 이해하기 어렵다는 단점이 있다.

③ 기사본말체

기사본말체는 사건 중심으로 서술하는, 동양의 역사 편찬 체제 가운데 가장 발전된 역사 편찬 체제이다. 사건의 명칭을 제목으로 삼아, 그에 관련된 사건의 처음부터 끝까지를 기술하는 방식이기 때문에 역사에서 사건의 전말을 알고자 할 때, 특히 정치적인 사건을 기술하는 데 가장 효과적이다. 편년체와 기전체의 단점을 극복하려는 서술 방식이며, 이긍익이 쓴

《연려실기술》이 대표적이다.

④ 강목체

강목체는 커다란 '강'을 적은 뒤에 '목'을 자세히 적는 기록 방식으로, 대표적인 역사서로 《동사강목》이 있다. 《일성록》도 강목체로 편찬했다. 이는 하나의 사건이나 일이 독립된 하나의 기사를 이루게 하고 그 요점을 따서 강(綱, 표제)을 세우고, 강으로 구분되는 하나의 기사 안에 여러 개의 목(目, 세부사실)을 두어 서술하므로 사실을 자세히 알 수 있다. 《일성록》은 항목별로 나누어져 있어 국정 운영에 참고할 내용을 쉽게 찾을 수 있다. 내용에 수치와 논의 과정 등도 담겨 있어 요즘으로 치면 기초 데이터 자료와 같다.

한글의 창제 원리를 밝히다

《훈민정음해례본》

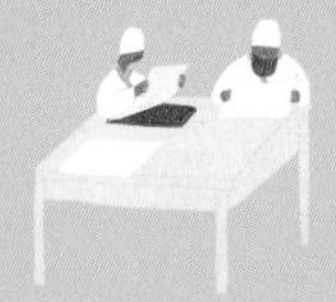

• 국보 제70호 • 등재 연도 : 1997년 • 소장 및 관리 기관 : 간송미술관

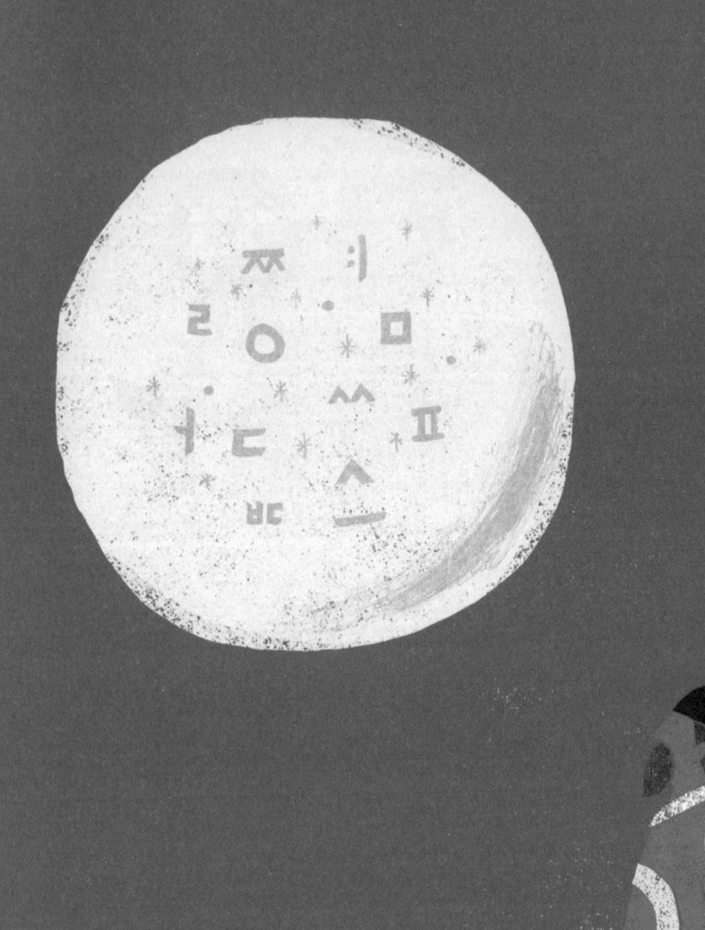

훈민정음과 훈민정음해례본

서울 광화문 광장에는 동상 두 개가 있다. 하나는 1968년에 세운 이순신 장군의 동상이고, 또 하나는 2009년에 세운 세종대왕상이다. 이순신 장군은 임진왜란 당시 조선을 지켜 냈던 장군답게 칼을 옆에 찬 모습이고, 세종대왕은 오른손에 책 한 권을 들고 자애롭게 앉아 있다. 세종대왕 손에 들려 있는 책이 바로 훈민정음 28자를 세상에 반포할 때 찍어 낸《훈민정음해례본》이다.

보통 훈민정음이라고 하면 두 가지를 뜻한다. 세종대왕이 창제한 '훈민정음'이라는 문자를 말하기도 하고, 훈민정음 사용설명서라 할 수 있는《훈민정음해례본》을 뜻하기도 한다.

세종대왕은 1443년(세종 25)에 문자 '훈민정음'을 창제했다. 그리고 3년 뒤인 1446년(세종 28)에 세종대왕과 집현전 학자들이 훈민정음을 풀이한《훈민정음해례본》을 반포했다. 훈민정음 반포일을 양력으로 환산해 1946년부터 10월 9일을 한글날로 지정해 한글 창제를 기념하고 있다.

'훈민정음'이란 '백성을 위한 바른 소리'라는 뜻으로 훈민정음을 창제한 목적이 잘 드러나는 이름이다. 세종대왕이 창제할 당시에는 훈민정음이라 불렀으며 1910년대에 주시경을 비롯한 한글학자들이 '우리 배달겨레의 크고 위대한 글자'라는 뜻으로 '한글'이라 이름 지어, 그때부터 한글이라 부르기 시작했다.

《훈민정음해례본》은 훈민정음의 창제 목적과 문자의 음가, 운용법, 훈민정음에 대한 해설과 용례를 설명한 책이다. '해례'라는 말은 '보기를 들어 내용을 풀이한다'는 뜻이며, '본'은 책을 뜻한다. 유네스코 세계 기록 유산으로 지정된 것은 '훈민정음'이라는 문자가 아니라 《훈민정음해례본》이다.

훈민정음 창제 원리를 밝히는 《훈민정음해례본》

전 세계에는 수많은 언어와 문자가 있다. 하지만 언어와 문자의 탄생과 목적, 그 활용법에 대해 논리적으로 설명해 놓은 책은 없다.

《훈민정음해례본》은 세종대왕이 백성들이 사용하기에

편하도록 만든 문자인 데다가, 발음 기관을 본떠서 자음과 모음을 만든 원리와 사용법 등이 설명되어 있어 세계적으로, 문화적으로 인류 역사상 유일한 기록이다. 이런 이유로 1997년 10월 유네스코 세계 기록 유산으로 등록되었다.

《훈민정음해례본》 들여다보기

《훈민정음해례본》은 33쪽으로 이루어져 있는데, 크게 〈예의〉 편과 〈해례〉 편으로 나눌 수 있다.

〈예의〉 편은 책의 본문에 해당하는 것으로 세종대왕이 훈민정음의 창제 취지를 직접 쓴 〈세종어제서문〉과 새 문자 훈민정음의 음가와 운용법이 적혀 있다. 〈세종어제서문〉에는 훈민정음 창제의 목적이 잘 드러나 있다.

> 나랏말씀이 중국과 달라 말과 글이 서로 맞지 않아,
> 어린(어리석은) 백성이 말하고자 하는 것이 있어도
> 그러지 못하는 사람이 많구나.

내(세종대왕)가 이를 안쓰럽게 여겨
새로 스물여덟 글자를 만들었으니
모든 사람이 이것을 쉽게 익혀 편하게 사용했으면 하노라.

여기서 말하는 중국은 지금처럼 중국이라는 나라가 아니라 한자를 쓰는 문화를 의미하는 것으로 보면 된다. 한자를 모르는 백성이 글을 읽고 쓰는 데 어려움이 있으므로 우리에게 맞는 글자를 만들어 모든 백성이 쉽게 글을 익히기를 바란다는 뜻이다.

〈해례〉 편은 본문에 대한 주석이다. 훈민정음을 만든 원리를 해설한 〈제자해〉, 자음 17개를 설명한 〈초성해〉, 모음 11자를 설명한 〈중성해〉, 음절의 말음을 설명한 〈종성해〉 그리고 초성·중성·종성을 합쳐서 음절을 표기하는 방법을 해설한 〈합자해〉 등 다섯 해로 구성되어 있고, 그다음에 합자법으로 구성된 단어에 대한 실례 123개의 단어를 다룬 〈용자례〉로 구성되어 있다.

〈정인지해례서문〉에서는 정인지·최항·박팽년·신숙주·성삼문·강희안·이개·이선로 등 8명의 집현전 학자가 해례를 지었음을 밝혔다. 한자는 우리의 말과 소리가 다르고,

신라 시대의 설총이 만들었다고 하는 '이두'도 한자를 빌려 쓴 것이라 백성이 쓰기에 불편했으므로 훈민정음을 만들었음을 설명하고 있다.

〈정인지해례서문〉에는 재미있는 내용도 있는데 한자로 우리의 말을 적는 것은 네모난 손잡이를 둥근 구멍 안에 억지로 밀어 넣는 것만큼 어울리지 않는다고 표현한 것이다. 그만큼 우리에게 맞는 새로운 글자가 필요하다는 뜻을 강조했다. 또한 훈민정음은 슬기로운 사람은 하루면 배울 수 있고, 어리석은 사람일지라도 열흘이면 깨우쳐서 글을 쓰고 읽을 수 있을 정도로 쉽다고 밝혔다.

정인지가 대표로 쓴 서문(머리말)은 요즘이라면 책의 앞부분에 나와야 하는데, 뒷부분에 실려 있고 〈세종어제서문〉에 쓰인 글자보다 크기도 작다. 디자인 면에서도 책 맨 위에 여백을 두어 〈세종어제서문〉의 글보다 글 기둥을 낮췄다. 왕의 글과 신하의 글이 한 권에 같이 실리자, 정인지가 신하로서 예의를 갖추기 위해 그렇게 한 것으로 보인다.

《훈민정음해례본》은 다양한 판본이 있다. 훈민정음의 〈세종어제서문〉과 〈예의〉 편만을 한글로 풀이한 책을 다시 만들었는데 이것이 《훈민정음언해본》이다. 이러한 내용이 《월인석보》의 첫머리에 실려 있다. '언해'란 한문이나 다른 나라 글을 언문(한글)으로 풀이하는 것을 말한다.

《훈민정음해례본》 중에서 〈예의〉편만 있는 판본은 《훈민정음예의본》이라 하는데, 《훈민정음해례본》이 발견되기 전까지 훈민정음에 대한 정보를 알 수 있는 책이었다.

1940년에 《훈민정음해례본》 간송본이 발견되기 전까지는 《훈민정음언해본》과 《훈민정음예의본》만 있었다.

500년 만에 나타난 《훈민정음해례본》 

1446년에 간행한 《훈민정음해례본》은 그동안 전해지지 않다가 1940년에 안동에서 처음 발견되었다. 그 덕분에 훈민정음을 세종대왕이 만들었고, 훈민정음의 창제 원리도 정확히 알려졌다. 《훈민정음해례본》을 찾은 사람은 간송 전형필이다. 간송은 전형필의 호이다.

간송은 우리나라뿐 아니라 동북아시아에도 알려진 문화재 수집가로, 1940년대 국문학자 김태준으로부터 《훈민정음해례본》이 존재하고 있음을 전해 들었다. 일제 강점기 시대였던 터라 한글 창제의 이유를 증명해 주는《훈민정음해례본》은 당시 조선인을 탄압하고 한글을 말살하려는 일제에게는 무서운 존재였다. 일제는《훈민정음해례본》이라는 책 자체를 부정하고 거짓으로 몰아가려 했다.

전형필은 이를 잘 알고 있었기에 사활을 걸고 비밀리에 찾기 시작했다. 드디어 1940년에《훈민정음해례본》을 찾았지만 당시에는 이 사실을 공개하지 않았다. 일제가 빼앗아 없애 버릴 것이 두려웠기 때문이다. 해방이 되자 전형필은 영인본을 만들어 조선어학회에 공개했다. 이로써 한글이 인체의 발음기관을 본떠서 만든 글자라는 사실 등 창제 원리가 확인되었다.

이 책은 국보 제70호로 지정되어 있으며, 간송이 찾았기에 '간송본'이라 부른다. 그 뒤 2008년 상주에서《훈민정음해례본》이 또 한 권 발견되었는데, 이는 '상주본'이라 부른다. 상주본은 훈민정음과 관련한 주석이 적혀 있어 학술적 가치가 높다. 간송본은 서울 간송미술관에 보관되어 있으며, 상주본은 개인이 보관하고 있다.

한글을 창제한 세종대왕

세종대왕이 이룬 많은 업적 가운데 훈민정음의 창제는 백미라고 할 수 있다. 훈민정음이 창제되기 전 우리는 중국의 문자인 한자를 썼다. 한자는 상형문자로, 글을 제대로 쓰거나 읽으려면 무려 6만 자 가까이 되는 한자를 익혀야 했다.

《훈민정음해례본》이 발견되기 전까지는 훈민정음을 누가 만들었는지 정확히 알 수 없었다. 물론 《세종실록》에는 《훈민정음해례본》의 〈세종어제서문〉과 정인지의 서문에 대한 글이 나온다.

> 이달에 임금이 친히 언문 28자를 지었는데, 그 글자가 옛 전자(篆字)를 모방하고, 초성·중성·종성으로 나누어 합한 연후에야 글자를 이루었다. 무릇 문자에 관한 것과 이어(俚語)에 관한 것을 모두 쓸 수 있고, 글자는 비록 간단하고 요약하지마는 전환하는 것이 무궁하니, 이것을 훈민정음이라고 일렀다.
>
> 《세종실록》 102권, 세종 25(1443년) 12월 30일

이달에 《훈민정음(訓民正音)》이 이루어졌다.

《세종실록》 113권, 세종 28(1446년) 9월 29일

1459년(세조 5)에 출간한 《월인석보》에 실린 세종대왕의 서문도 세종대왕이 훈민정음을 창제했다는 것을 짐작할 수 있게 했다. 하지만 집현전 학자들이 만들고 세종대왕이 거들기만 했을 것이라는 추측이 많았다. 문살의 격자무늬를 보고 훈민정음을 만들었다며 훈민정음 창제의 원리를 깎아내리는 사람들도 있었다. 특히 일본은 한글의 우수성을 폄훼하려는 의도가 컸다.

세상은 가정은 없다지만, 만약 세종대왕이 훈민정음을 창제하지 않았다고 상상해 보라. 우리는 여전히 한자를 배우고 있을 것이다. 그런 면에서 세종대왕은 더욱 위대하다. 후손들이 익히기 쉬운 한글을 만들어 주었으니까.

참고로 유네스코에서는 우리나라의 제안으로 1989년부터 매년 개발도상국에서 문자를 깨치는 데 이바지한 사람이나 단체에게 세종대왕상을 수여하고 있다.

한국학 연구의 보물 창고

《승정원일기》

• 등재 연도 : 2001년 • 총 3,243책, 2억 4천 3백만 자 • 국보 제303호

• 소장 및 관리 기관 : 서울대학교 규장각

왕명의 출납을 관장하는 승정원

승정원은 조선 시대에 왕명의 출납을 관장하던 관청이다. 왕이 명을 내리면 그 일을 맡은 관청, 의정부·비변사·육조·대간·홍문관 등에 그 명령을 전달하고, 또 관청에서 왕에게 보고하거나 건의할 일이 있을 때 왕에게 전달하는 일을 '왕명의 출납'이라 한다. 왕명의 출납은 승정원이 해야 하는 가장 중요한 일이다. 요즘으로 치면 대통령 비서실 정도로 이해하면 좋다.

승정원의 승지는 왕이 신료들과 만나거나 조회를 통해 국정을 논하는 공식적인 자리에 사관과 함께 참석했다. 종묘, 왕릉, 사직, 선농단, 원구단 등 국가제사에도 참석했으며, 왕이 병을 치료하기 위해 온천에 가거나 활쏘기를 한다든가 무예를 익힐 때도 참석해 그 내용을 꼭 기록했다. 또한 작은 일처럼 보이지만 대궐 문 열쇠를 관리하는 일도 했다.

그야말로 승정원은 왕이 관료들과 함께 국정을 효율적으로 운영할 수 있도록 구체적인 사안들을 정리해 각 부서와 왕에게 전달하는 일을 했던 것이다. 승지 6명이 6조의 업무를 하나씩 나누어 맡았다.

승정원 문서와 사건을 기록한 책

승정원은 왕명의 출납을 관장하는 일과 더불어 승정원 내부의 문서를 관리하는 일을 했는데 국정 관련 기밀 문서와 인사 관련 기록 등이었다. 업무 중에는 매일매일 일기를 작성하는 일도 포함되었다. 왕명이 드나들고 각 관청에서 하는 보고와 건의한 내용들, 거기에 따라오는 행정 사무와, 의례적인 사항 등 왕이 국정을 논의한 것을 편년체로 모두 기록한 이것이 《승정원일기(承政院日記)》이다. 《승정원일기》를 기록하는 관리는 '주서'이다.

《승정원일기》는 국정 전반에 걸쳐서 매일의 일기를 날짜순으로 기록했기 때문에 국가의 기본 정책을 수립하는 기초 자료, 즉 1차 자료가 된다.

정책에 참고하기 위해 《승정원일기》의 사례를 찾았고 《승정원일기》를 바탕으로 《일성록》이나 《조선왕조실록》을 작성했다.

《승정원일기》는 정치, 경제, 문화, 외교, 법제, 사회, 자연현상, 인사, 국왕과 관료의 동정, 국정 논의, 한의학, 추국[1] 등 광범위한 기록을 담고 있다. 그야말로 조선 시대를 들여

다볼 수 있는 한국학 연구의 보물 창고라 할 수 있다.

승정원이라는 기관의 이름은 시대에 따라 여러 차례에 바뀌었고 일기의 명칭도 바뀌었지만, 이들 모두를 통틀어 《승정원일기》라고 부른다.

승정원이 하는 일

① 가장 중요한 일은 왕명의 출납이다.

② 일기를 기록하고 조보(朝報)를 기록했다.

③ 국왕의 경연과 입시에 참석했으며, 추국에 관여했다.

④ 관리를 임면하고 상벌, 과거 시험 그리고 병무에도 관여했다.

⑤ 나라의 광범위한 공사와 의례적인 일에 중요한 역할을 했다. 국가와 왕실의 제사, 왕의 동가[2], 외교 업무에도 참여했다.

⑥ 궁궐문을 여닫는 일도 담당했다.

1 의금부에서 임금의 특명에 따라 중한 죄인을 신문하던 일.

2 왕이 탄 수레가 대궐 밖으로 나감

승정원의 구성

승정원은 핵심 구성원인 6승지(정3품, 종2품도 가능) 6명 그리고 주서(정7품) 2명, 사변가주서(정7품) 1명, 서리 35명, 사령 35명으로 구성되어 있다. 하는 일은 품계에 따라 조금씩 다르다.

왕을 가까이에서 보좌하는 요직, 승지

승정원에서 왕명의 출납을 맡아보던 정3품의 당상관으로 6명의 승지가 있다. 도승지, 좌승지, 우승지, 좌부승지, 우부승지, 동부승지가 있는데, 도승지와 좌승지, 우승지는 '동벽'이라 하고, 좌부승지와 우부승지와 동부승지는 '서벽'이라 했다.

승진하는 것도 순서가 있어 동부승지에서 우부승지로, 이어서 좌부승지로 승진을 하고, 이어서 우승지와 좌승지로 승진해 마지막에 도승지가 된다. 그래서 도승지는 승정원의 으뜸 벼슬이다.

중앙과 지방의 업무는 6조(이조, 호조, 예조, 병조, 형조, 공조)를 통해서 수합되었고, 6조는 승정원의 승지에게 보고했다. 승지는 보고받은 내용을 왕에게 보고했으며, 왕이 그에 대한 명령을 내리면 담당승지가 해당 부서에 전달했다.

승지들은 승정원의 업무 외에 다른 부서의 업무를 겸직하는 경우가 많았다. 도승지는 이방, 좌승지는 호방, 우승지는 예방, 좌부승지는 병방, 우부승지는 형방, 동부승지는 공방을 맡았다. 이것은 정치적 상황에 따라 차이가 있다.

기록과 문서 정리, 주서

주서의 주 업무는 왕의 곁에서 왕과 신료들이 나눈 대화를 받아 적고 정리하는 것이므로, 글솜씨가 있고 빠르게 쓰는 필기 능력이 좋아야 했다. 승정원이 보관하고 있는 여러 서적과 군사 기밀, 인사 이동, 전례 등과 같은 문서 정리와 관리, 기록 외에 승정원과 여러 관서, 승지와 다른 부서의 관료들과 연락하는 일도 담당했다.

주서 2명이 오전과 오후 2부제로 근무하는데, 글을 쓸 초책[3]과 붓을 들고 왕이 가는 곳마다 따라다니면서 왕과 신하의 말을 모두 적었다(속기록으로 필기체로 썼음). 심지어 기침을 몇 번 했는지도 적었다. 이는 왕과 왕실 사람들(왕비, 세자 등)의 건강 상태를 체크하기 위한 것으로, 병이 어떻게 해서 생겼는지와 치료하는 과정도 적었다. 그 덕분에 《승정원일기》는 한의학 분야에서도 매우 귀중한 자료가 된다.

주서가 《승정원일기》를 작성할 때, 우리말로 말한 것을 한자로 적는 작업이어서 꽤 힘들었을 것이다. 주서가 기록한 초책을 하번주서가 정서[4]했다. 상소나 서계 같이 문자로 된 문서는 서리가 베껴 썼다. 이 두 가지를 합치면 그날의 일기가 된다. 한 달이나 반 달치의 일기가 모이면 이를 묶어서 표지에 연·월·일을 써서 승지에게 제출하고 승정원에 보관했다.

주서는 원래 2명이었지만 임시로 가주서 1명을 더 둘 수 있었다. 임진왜란 당시에 전쟁 관련 기사를 기록하기 위해 사변가주서 1명을 더 두었는데, 전쟁이 끝난 뒤에도 계속

3 초벌로 기록한 문서.
4 바르게 베껴씀.

일하게 되었다. 주서 자리는 빈자리로 두는 경우가 많아 가주서와 사변가주서를 두어 상번[5], 하번으로 입시했다.

지키기 어려웠던 《승정원일기》

주서는 임금이 다니는 곳마다 적을 책과 붓을 갖고 다니며 임금이 말하는 것, 행동하는 것, 아픈 것 등은 물론 누구와 만나는지 만나서 무슨 이야기를 하는지 모든 것을 적었다. 임금은 사관이 없이는 단독으로 어느 누구도 만날 수 없었다. 매일매일 조선의 역사가 지속되는 한 기록했다. 물론 신라, 고구려 시대에도 승정원 같은 역사 기록의 역할을 하는 기구가 있었다.

《조선왕조실록》이 나라 전반에서 일어나는 일을 적은 것이라면 《승정원일기》는 왕 개인에 대한 기록이 중심이 된다. 그렇다고 해서 왕의 사생활을 적은 것은 아니다. 왕을 중심으로 한 정치 현장을 기록한 것이다.

5 당직자 가운데 윗자리에 있는 사람.

기록하는 방식에도 차이가 있다. 같은 내용이라도 《조선왕조실록》은 요약해서 적고, 《승정원일기》는 자세하게 적는다. 예를 들어 정조 때 영남의 선비 만여 명이 사도세자의 복권을 바라는 만인소를 올렸다. 《조선왕조실록》은 만 명의 이름을 다 적지 않고 핵심내용만 적은 데 반해서, 《승정원일기》는 상소의 전문을 다 적는 것은 물론 만 명의 이름을 모두 적었다.

《승정원일기》는 왕의 일거수일투족 모두를 기록하기에 양이 굉장히 많았다. 그래서 세계 최대의 역사책이 되는 영광도 얻었지만, 분량이 너무 많아 인쇄를 할 수가 없어 여러 부를 만들지 못했다. 《승정원일기》는 직접 손으로 쓴 것이므로 한 번 불에 타면 되살리기가 쉽지 않았다.

임진왜란 때 경복궁에 있던 《승정원일기》가 불탔고 1624년(인조 2)에 일어난 이괄의 난으로 임진왜란 이후부터의 《승정원일기》도 소실되었다. 인조가 임진왜란 이후의 《승정원일기》를 개수했으나 그마저도 1744년(영조 20)에 승정원에 불이 나면서 소실되고 말았다.

영조는 1746년(영조 22)에 일기청을 설치하고 《승정원일기》 개수[6] 작업을 했다. 이 작업에 필요한 조보, 〈춘방일기〉[7], 《일성록》, 각 관청의 일기·등록(기록) 등의 기본사료, 관리들의 일기와 문집 등을 모아서 정확하게 기록했다. 그 결과, 없어져 버린 책의 3분의 1에도 못 미치지만 548책을 다시 만들 수 있었다. 하지만 1888년(고종 25)에 또다시 승정원에 화재가 발생해 1851년(철종 2)에서부터 1888(고종 25)까지의 일기 361책이 불에 탔고, 1890년에야 다시 만들었다.

지금까지 남아 있는 《승정원일기》는 1623년(인조 원년) 3월부터 1910년(순종 융희4) 8월까지의 기록인데, 3,243책이 필사본으로 남아 있다. 책의 크기는 대략 41.2cm×29.4cm이다.

명칭	시기	책 수
승정원일기	1623년(인조 1)~1894년(고종 31) 7월	3,045
승선원일기	1894년(고종 31) 7월~10월	4
궁내부일기	1894년(고종 31) 11월~1895년(고종 32) 3월	5
비서감일기	1895년 4월~10월 / 1905년 3월~1907년 10월	41
비서원일기	1895년 11월~1905년 2월	115
규장각일기	1907년 11월~1910년 8월	33

6 고쳐서 바로 잡거나 다시 만듦.

7 〈춘방일기〉는 김굉(1739~1816)이 세자의 교육을 담당했던 일을 기록한 것으로, 《귀와문집》 속집에 수록되어 있다. 춘방은 세자시강원의 별칭.

《승정원일기》 정보화 사업

《승정원일기》 역시 한자로 되어 있다. 그래서 2001년부터 한글로 번역하는 작업을 진행 중이다. 언제나 누구나 볼 수 있도록 데이터베이스화하는 작업이다.

《승정원일기》는 초서로 썼는데, 초서를 정자로 쓴 해서[8]로 바꾸고, 세로쓰기를 가로쓰기로 바꾸고, 문장 부호인 구두점을 찍어 알기 쉽게 했다. 또한 기사별 핵심 내용을 요약해 제목을 달아 찾아보기 편리하게 했다.

《승정원일기》를 데이터베이스화한 뒤 살펴보니 글자 수는 2억 4천 3백만 자나 되었다. 실로 엄청난 양이다. 하지만 이것은 원문 작업이 끝났다는 것이다. 번역 작업은 한참 더 진행해야 할 것이다. 다행스럽게도 인공지능 기반 고전문헌 자동 번역 시스템 구축 사업이 진행되어 AI가 초벌 번역을 하면 전문 번역사가 검토하고 정리하는 방식으로 작업하게 되면서 45년으로 예상되던 번역 기간은 많이 단축될 것으로 보인다. 이미 번역이 끝난 부분은 '한국고전종합

8 똑똑히 정자로 쓰는 서체.

DB'라는 곳에서 찾아볼 수 있다.

《승정원일기》는 《조선왕조실록》에 비해 약 5배나 양이 많다. 역사학자들은 번역이 완료되면 조선의 역사를 다시 써야 할지 모른다고 말하기도 한다. 그만큼 《승정원일기》가 훨씬 자세하고 정확하기 때문이다.

《승정원일기》는 어떻게 적었을까?

모든 일기가 그렇듯 맨 처음에 날짜를 먼저 적는다. 여기에 연호, 갑자년, 월·일·시를 적되, 시간마다 적었다. 하루 중 날씨가 변화하는 과정도 적었다. 안개가 끼면 가시거리가 어디서부터 어디까지인지 안개가 걷힌 시간도 적었을 뿐더러, 비가 오면 측우기로 측정한 강우량까지 세밀하게 적었다. 날씨는 왕이 머무는 궁을 중심으로 해서 왕이 움직이는 행궁까지 기록했다. 날씨를 자세하게 기록한 《승정원일기》는 조선 시대의 날씨와 자연현상에 대한 기초 자료를 제공해 줌으로써 자연 과학을 비롯한 천문학 연구에도 많은 도움이 된다.

그다음에는 근무자인 승지와 주서의 이름을 적는다. 이를 '좌목'이라고 한다.

그리고 왕이 있는 곳, 즉 창덕궁에 있다든지 하는 소재지를 적고, 경연의 참석 상황, 왕과 왕실(중전, 대비, 세자 내외 등)의 건강을 적는다. 왕의 건강 상태가 전날과 비교해 오늘은 어떠한지, 어떤 약 처방을 받았는지, 맥박이 어떠했는지 등을 적었다. 이때 처방 받았던 왕의 약방문과 진료 기록은 의학사 연구에도 귀중한 자료가 되고 있다. 여기까지가 언제나 적는 기본 사항이다.

임금은 항상 학문이나 기술을 강론하고 연마하는 것은 물론 신하들과 국정을 협의했다. 이를 '경연'이라 한다. 승정원에서는 왕이 날마다 벌이는 경연을 자세히 기록했다. 왕의 경연에 참석한 사람들의 이름, 장소와 시간도 기록한다. 경연은 왕이 신하들과 같이 공부를 하는 것이므로, 경연에서 읽은 책 이름과 구절까지 적었다. 뿐만 아니라 왕이 경연에서 말한 내용과 신하가 평한 내용 등 왕과 신하가 공부하며 나눈 대화를 기록했다.

또 국가의 의례, 행궁 밖 행차 등 왕의 행적을 모두 적는다. 그날 이루어졌던 국정(왕이 나눈 대화와 명령이 제대로 시행되었는지 등)을 세세하게 적는다. 각 관서에서 올라온 상소와 장계, 왕의 처결 여부, 인사 행정 등, 승정원이 하는 일을 모두 적는다고 보면 된다.

《승정원일기》로 알아보는 조선 왕의 하루

오전 5시	기상
기상 직후	죽 한 사발 정도의 간단한 식사
오전 6시	왕실 웃어른에게 아침 문안 인사
오전 7시경	아침 식사
오전 8시경	아침 공부(조강)
오전 10시경	아침 조회
오전 11시경	오전 업무
낮 12시경	점심 식사
오후 2시	낮 공부
오후 3시	오후 업무
오후 5시	궁궐 내의 야간 숙직자 확인
오후 6시	저녁 공부(석강)
오후 7시	저녁 식사
오후 8시	왕실 웃어른에게 저녁 문안 인사

오후 10시	상소문 읽기
오후 11시경	취침

조선 기록 문화의 꽃

조선 왕조 〈의궤〉

• 등재 연도 : 2007년 • 소장 및 관리 기관 : 규장각, 장서각

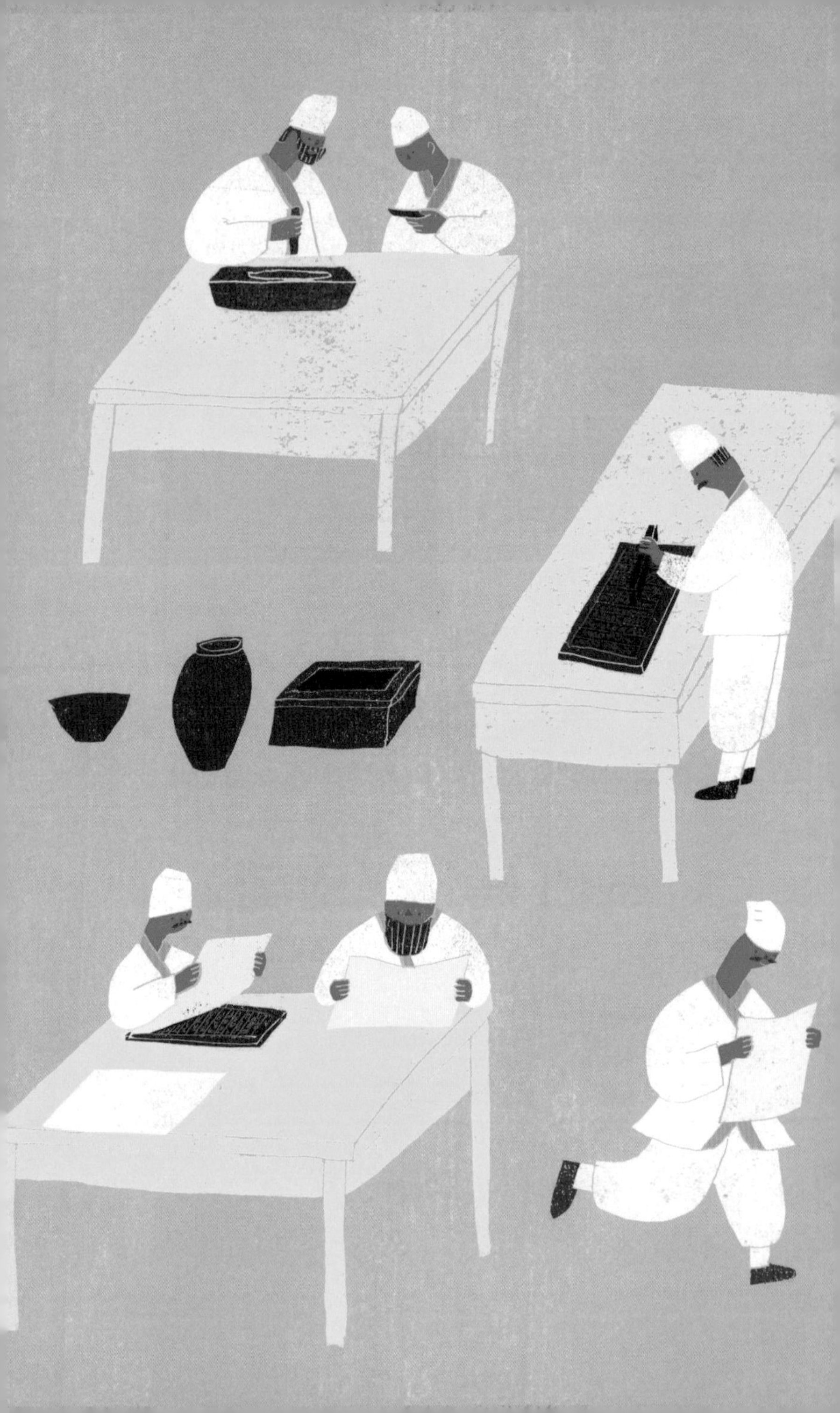

조선 시대 국가 행사 기록하기

텔레비전이나 영화에 나오는 조선 시대 왕의 결혼식 장면은 어떻게 알고 연출할까? 화려하게 연출한 옷은 정말 조선 시대에 입었던 것일까? 의례는 조선의 예법에 맞게 진행되는 것일까? 이런 의심이 들기도 한다. 그러나 걱정할 필요가 없다. 이럴 때 참고로 할 수 있는 책이 있기 때문이다.

조선은 후대 사람들이 예법에 맞게 행사를 치를 수 있도록 국가 행사와 황실 행사의 과정을 세세히 기록했다. 이런 의례를 기록한 책이 바로 〈의궤〉이다.

의궤에서 '의'는 의식, '궤'는 수레바퀴의 궤도 또는 길을 지칭하는 말로, 〈의궤〉란 의식의 모범이 되는 책이다. 유학은 예학이라고 할 정도로 예를 중요시한다. 유학을 국시로 삼은 조선은 규범과 질서를 매우 중요하게 생각해서 인간의 근본 마음인 인을 표현하고자 했다. 그러려면 국가 행사를 예와 법도에 맞게 치르고, 그 예법이 후손에게 전승되어야 했다. 그래서 조선은 후손이 시행착오를 겪지 않도록 의례의 모든 것을 기록으로 남길 필요가 있었다.

유학과 기록

중국의 공자를 시조로 하는 학문인 유학은 인과 예를 근본 이념으로 수신(修身)에서 비롯해 치국평천하(治國平天下)에 이르는 실천을 중심 과제로 여긴다. 그 유학을 종교적인 관점에서 유교라고 하는데, 조선은 유교를 국시로 삼았다.
유교는 중국에서 시작했지만 우리나라를 비롯해 베트남, 몽골, 싱가포르 등 동아시아에 자리 잡은 규모가 큰 종교였다. 그러나 유교의 예학을 중시하고, 의례를 체계적으로 기록한 나라는 우리나라뿐이라고 한다. 유교의 전통이 아직까지 가장 많이 남아 있는 나라도 중국이 아니라 우리나라다.

현장에 있는 것처럼 생생하게

〈의궤〉는 특징이 있다. 행사를 글로만 기록한 것이 아니라 그림으로 그려 그 상황을 한눈으로 볼 수 있게 한 점이다. 행사에 사용된 물품, 행렬의 모습, 입었던 옷을 그림으로 그려 참조하기 쉽게 했다. 시간이 한참 지난 지금에도 마치 그 현장에 있는 것처럼 생생하게 표현되어 있으며, 살아 움직이는 것 같은 그림은 조선 시대의 국가 행사를 쉽게 이해

할 수 있게 해 준다. 게다가 아름답기까지 해서 문화재적으로나 미적으로나 가치가 높다.

조선은 초기부터 〈의궤〉를 작성해 왔다. 물론 고려 시대에도 의궤라는 이름으로 작성한 기록이 있으나 조선 시대처럼 왕실이나 국가의 행사를 기록했다기보다는 불교와 도교 계통의 의례집이 대부분이었다.

1395년(태조 4)에 《경복궁조성의궤》를 작성한 것이 최초의 〈의궤〉이다. 조선 초기에 만든 〈의궤〉들은 우리나라 문화재의 최대위기인 임진왜란과 병자호란 때 없어졌다. 그나마 《조선왕조실록》이나 그 밖의 기록들을 통해서, 만들었던 시기와 만든 이유를 알 수 있다. 1395년부터 1910년까지 500여 년 동안 조선 왕조는 〈의궤〉를 꾸준히 제작해 왔지만, 현재 남아 있는 것은 1601년부터 제작한 〈의궤〉뿐이다.

기록문화의 꽃, 〈의궤〉

〈의궤〉는 세자·왕비의 책봉과 관련한 책례 행사, 세자와 왕의 결혼 등 국가의 경사를 기록했다. 더불어 왕이 돌아가신 뒤에 치르는 국장에 대한 기록은 물론, 능을 조성하는 것에 대해서도 기록했다. 왕실 가족의 공덕을 기리기 위해 생전에 존호를 올리거나 왕후의 존호 및 선대왕과 왕후의 시호를 올리는 행사, 건물의 축조, 공신의 책봉 행사, 국왕이 머무르는 어실의 개조, 임금이 농업을 장려하기 위해 논밭에 나와 몸소 농사를 짓던 친경행사, 왕실 여인들이 궁중에서 누에치는 행사를 하는 친잠 행사도 기록했다. 외국에서 사신이 오면 영접하는 행사도 〈의궤〉로 기록했다.

왕실에서 진행된 의례를 기록한 〈의궤〉는 다음과 같이 구분된다.

1. 《태실의궤》(태실[1] 조성과 경위·과정·의식을 담은 의궤)
2. 《책례도감의궤》(왕세자 및 왕비의 책봉과 관련된 의궤)
3. 《가례도감의궤》(주요 왕족 혼례식의 이야기를 담은 가장 화려하고 체계적으로 정리한 의궤)
4. 국왕의 장례식 절차를 담은 장례 관련 〈의궤〉

1 왕, 왕비, 대군, 왕세자, 왕자, 왕세손, 왕손, 공주, 옹주 등이 출산하면 그 태를 봉안하던 곳.

국가에서는 행사가 있을 때 행사를 주관하는 임시관청으로 '도감'을 설치했다. 각 도감은 행사를 주관하면서 그 과정을 날짜순으로 기록한다. 행사를 마치면 도감을 해체하고 '의궤청'을 설치한다. 의궤청에서는 업무 분담과 담당자 명단, 동원된 사람 수와 사용된 물품, 지출된 경비 등 행사에 관련한 모든 사항을 자세히 기록했다. 심지어 못 하나까지도 꼼꼼하게 기록했다고 한다.

〈의궤〉의 구성은 아래와 같다.

① 담당 의례의 일정 전체를 날짜별로 정리한 시일(時日)

② 의례의 주요 장면이나, 의례에 사용한 도구나 기구의 그림을 실은 도식, 도설

③ 업무 시 주고 받은 문서를 기록한 교지, 상주문[2]

④ 인건비처럼 경비에 소요되는 재용(財用)

⑤ 의례에 필요한 물품을 만드는 기술자들의 명단인 공장(工匠)

⑥ 의례를 치르는 과정에서 공이 있는 유공자에게 포상한 상전(賞典)

2 임금에게 아뢰는 글

꼼꼼함의 극치 《화성성역의궤》

화성 성곽 축조를 하는 데는 80만 냥이 들었고, 석수와 목수 등 1,800여 명의 기술자들이 참여한 큰 공사였다. 수원 화성 작업이 끝나고 난 뒤 1796년 9월부터 《화성성역의궤》의 편찬작업이 시작되었다. 성역에 대한 일정, 정조의 전교, 전령, 시설물의 도설, 물자와 기술자의 동원에 대한 문서, 석수와 목수 등 188여 명의 명단과 임금 등 모든 관련 사항을 기록했다. 《화성성역의궤》는 1801년에 금속 활자로 총 10권 9책으로 간행했다.

기술자들은 근무일수를 하루의 반까지 계산하는 등 작업량을 정확하게 계산해 임금을 지급했다. 철저히 기록함으로써 국가의 재정이 허투루 쓰이거나 낭비되는 것을 막았다. 이는 모든 것이 투명하고 공정하게 이루어졌음을 널리 알림과 동시에 막강한 왕의 권력을 견제하는 역할을 하기도 했다.

이렇게 자세한 기록은 조선 시대 후기의 사회를 이해하고 나아가 어떻게 사회가 변화되어 갔는지를 알 수 있는 중요한 자료가 된다.

수원 화성은 안타깝게도 일제 강점기와 한국 전쟁 때 많이 파괴되었다. 그러다 1970년대에 복원 공사를 시작했는데, 이때 《화성성역의궤》를 참고했다. 화성은 완벽하게 복원되었고, 1997년에 유네스코 세계 유산으로 등재되었다. 원래의 것이 아니라면 세계 유산으로 등재될 수 없는데, 《화성성역의궤》의 기록에 따라 원형으로 복원되었기에 가능했다. 《화성성역의궤》는 18세기 도시 건설에 관한 세계 최초의 기록이기도 하다.

어람용 〈의궤〉와 분상용 〈의궤〉

행사를 주관한 도감의 이름에 〈의궤〉의 구체적인 명칭을 붙였다. 1601년(선조 34)에 만들어 현존하는 가장 오래된 의궤로, 《의인왕후빈전혼전도감의궤》가 있다. 이 〈의궤〉는 선조의 비, 의인왕후가 사망한 뒤 설치한 빈전혼전도감에서 의인왕후의 장례를 기록한 것으로, 빈전[3]과 혼전[4]을 설치, 운영한 일을 편찬한 것이다. 그 때문에 《의인왕후빈전혼전도감의궤》라는 이름을 붙였다.

〈의궤〉는 보는 사람이 누구냐를 구별해 두 가지로 만들었다. 왕이 볼 수 있는 어람용 〈의궤〉가 하나이며, 관리들이 참고하려고 보는 분상용[5] 〈의궤〉가 두 번째 방식이다. 어람용 〈의궤〉는 병인양요 때 프랑스로 갔다가 2011년에 한국으로 돌아왔다. 이에 대한 이야기는 뒤에서 다시 살펴보기로 하자. 어람용 〈의궤〉는 일반적으로 1권만 만들었다. 때에 따라 3~4권 만들기도 했는데, 대한 제국 시기에는 황태자도 볼 수 있도록 시강원 소장용으로 만들었다.

분상용 〈의궤〉는 의정부, 예조, 춘추관, 강화부[6] 등 관련 기관과, 태백산사고, 오대산사고, 적상산사고 등 각 사고에 보관하는 1부 등 9부 내외로 작성했다. 때에 따라 직접 관련 관아에 나눠 주는 경우도 있었다. 발행 부수는 항상 똑같지는 않았으나, 어떤 경우에도 어람용 1부는 만들었다. 같은 〈의궤〉일지라도 어람용이 더 자세하게 기록되어 있기 때문에 사료상으로 더 중요하다.

3 국상 때, 상여가 나갈 때까지 왕이나 왕비의 관을 모시던 전각.
4 임금이나 왕비의 국장 뒤 3년 동안 신위를 모시던 전각.
5 여러 곳에 나누어 보관한다는 뜻
6 강화군에 두었던 도호부

어람용과 분상용은 표지와 제본 상태 등을 보면 구분할 수 있다. 어람용은 고급 종이에 장마다 붉은 선으로 윤곽선을 긋고, 문서를 기록하는 사자관이 직접 글씨를 썼다. 천연 안료로 그림을 그렸으며 표지와 제본 상태가 훨씬 품격이 높다.

외규장각 〈의궤〉 가운데 장렬왕후(인조의 계비)의 장례를 기록한 《장렬왕후진전도감의궤》와 《장렬왕후혼전도감의궤》는 어람용이고, 빈전도감과 혼전도감의 일을 함께 기록한 《장렬왕후빈전호전도감의궤》는 분상용이다.

〈의궤〉는 또한 만든 방식에 따라 필사본과 활자본 두 가지가 있다. 일반적으로 의궤는 손으로 직접 쓰고 그려서 만드는 필사본이지만 필요에 따라 활자본으로 만들기도 했다.

정조는 자신의 정치적 구상을 펼치고 위상을 과시하는 중요한 화성 건설을 널리 유포하고자 했기 때문에 《화성성역의궤》는 활자로 인쇄하도록 했다. 최초의 활자본 〈의궤〉는 혜경궁 홍씨의 회갑연을 기록한 것으로 1795년(정조19)에 만든 《원행을묘정리의궤》이다. 조선 후기에 궁중 잔치를 기록한 《진찬의궤》나 《진연의궤》는 활자본으로 만들어

행사에 참석한 사람들에게 나누어 주었다.

이렇듯 많은 사람들에게 알릴 목적으로 대량 제작해야 할 경우에는 활자로 인쇄했다.

프랑스로 갔다가 다시 돌아온 사연

앞에서 박병선 박사에 대한 설명을 했다. 사실 박병선 박사는 도서관에서《불조직지심체요절》을 찾으려고 한 것이 아니라 병인양요 때 프랑스군이 조선에서 가져간 〈의궤〉를 찾으려고 했다.

병인양요 때 강화도에 침입했던 프랑스군은 퇴각하면서 외규장각을 불태웠을 뿐 아니라, 그 안에 있던 왕실 〈의궤〉와 문화재를 약탈해 갔다. 의궤 340권과 함께 지도, 족자, 갑옷, 은괴, 대리석판 등을 가져갔다는 사실이 그들의 기록물에 적혀 있다. 이 가운데 297권을 박병선 박사가 프랑스 국립도서관에서 찾아냈다. 이 〈의궤〉는 국왕이 보는 어람용으로, 역사적으로나 문화적으로 가치가 높다.

시간 순서로 보는 외규장각 〈의궤〉의 반환 과정	
1782년 2월	정조가 강화도에 외규장각 설치를 명함.
1866년 10월	프랑스군이 강화도를 점령. 외규장각에서 〈의궤〉를 약탈.
1894~1896년	모리스 쿠랑이 《한국서지》를 집필할 때 외규장각 〈의궤〉에 대한 내용을 기록.
1975년	박병선 박사가 프랑스 국립도서관 베르사유 별관 창고에서 외규장각 〈의궤〉를 발견.
1978년 11월 28일	국내에 외규장각 〈의궤〉의 존재가 알려짐.
1991년 11월	한국 외무부가 프랑스 정부에 외규장각 〈의궤〉 반환을 공식적으로 요청.
1993년 9월	서울에서 열린 한국-프랑스 정상회담(김영삼-프아수아 미테랑)에서 '교류와 대여' 원칙에 합의했으며 미테랑 대통령이 《수빈휘경원원소도감의궤》을 전달함. 이에 반발해 프랑스 국립도서관을 비롯한 문화 기관 직원들이 총파업을 단행.
1993~1997년	양국 정부는 실무 협상을 진행했으나 '등가등량'의 고서나 문화재를 요구한 프랑스 측의 거부로 협상이 무산.
1998년 4월	한국-프랑스 양국은 정상 회담(김대중-자크 시라크)에서 민간 전문가를 협상 대표로 내세워 해결 방안을 정부에 건의하기로 합의.
1998~2001	양국 민간 전문가들이 네 차례에 걸친 협상을 진행.
2001년 7월 25일	민간 전문가 협상 대표가 공동 합의문을 채택해 '교류와 대여'의 원칙 속에서 〈의궤〉를 교류하는 방식에 합의했으나 결국 무산됨.
2004년 9월	양국 정부 간 협상 체제로 전환.

2004년 12월	한국-프랑스 정상 회담(노무현-자크 시라크)을 통해 합리적이고 현명한 해결책을 모색하기로 합의.
2006년 9월	한국-프랑스 정상 회담(노무현-자크 시라크)에서 외규장각 〈의궤〉 문제 해결을 위해 양측이 모두 만족할 만한 방안을 모색하자는 입장을 재확인.
2008~2009년	협상 소강.
2010년 3월	한국 외교 통상부가 주 프랑스 한국 대사관을 통해 비공식적으로 프랑스에 외규장각 〈의궤〉를 영구히 대여하고, 대신 한국 문화재를 프랑스 내에 전시하는 대안을 제시.
2010년 5월	프랑스 외무부를 상대로 본격적인 협상 재개.
2010년 11월 12일	한국-프랑스 정상 회담(이명박-니콜라 사르코지)으로 외규장각 〈의궤〉를 '5년 단위로 갱신되는 장기 대여' 형식으로 한국에 사실상 반환하기로 합의.
2011년 4월 13일	1차 반환분부터 외규장각 〈의궤〉 이관 시작.
2011년 5월 27일	외규장각 의궤를 4차에 걸쳐 반환하면서 이관 완료.

왕 개인의 일기에서 국가 공식 기록으로

《일성록》

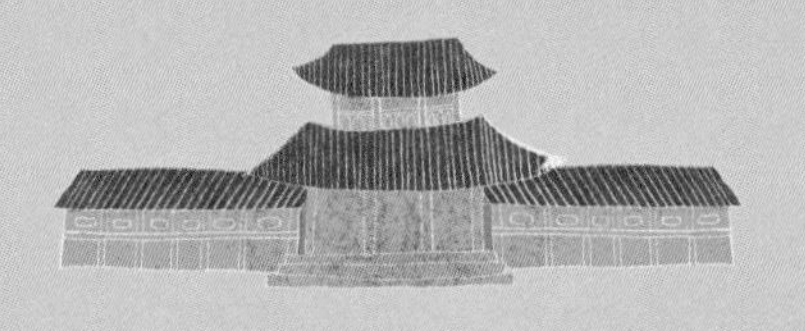

• 등재 연도 : 2011년 • 2,329책 / 약 6,000만 자
• 국보 제153호 • 소장기관 및 관리 기관 : 규장각, 문화재청

국가 기록이 된 개인 기록

조선의 22대 임금 정조(1752~1800년)는 어린 시절부터 남달랐다. 세손 시절부터 자신의 언행과 공부한 내용을 매일매일 기록했다. 《논어》에서 증자가 말한 "나는 날마다 세 가지 기준을 가지고 스스로에 대해 반성한다."는 글귀와 자하가 "날마다 모르던 바를 알고 달마다 잘하는 바를 잊어버리지 않는다."고 한 뜻을 좇아, 자신을 반성하고 마음 상태를 살피는 일기를 썼다. 정조가 9살 때 작성한 일기를 《존현각일기》라고 한다.

정조는 왕이 된 뒤에도 일기를 계속 썼다. 즉위한 지 5년째 되던 해인 1781년에 규장각 신하들에게 자신이 일기를 매일 쓰고 있으며, 이 일기를 공식적인 기록으로 후대에 전하고 싶다는 생각을 밝혔다. 이 기록물을 《일성록(日省錄)》이라 이름 짓고, 공식적인 사업으로 추진했다. 정조는 평소에도 글을 많이 써서 문집을 지었는데, 《홍재전서》 중 〈군서표기〉를 보면 1783년부터 나랏일이 많이 늘어나 자신이 직접 기록하기에는 양이 너무 많으니 규장각 각신에게 편찬하도록 명했다는 기록이 있다.

정조의 개인 일기에서 출발한 《일성록》은 1760년(영조 36)부터 1910년 8월까지 조정과 내외의 신하에 관해 기록한 정부의 공식적인 기록물이다.

《일성록》은 총 2,329책인데 왕에 따라 지어진 책의 수가 다르다. 정조의 《일성록》이 670책으로 가장 많고 그다음이 순조의 《일성록》으로 637책이다.

사건이 벌어진 당시에 기록하는 《일성록》

개인 일기로 시작한 《일성록》이 규장각 각신이 기록하는 공식 기록이 되면서 무엇을 기록했을까? 임금에게 바치는 보고와 건의, 왕과 신하들과의 국정에 대한 논의, 인사 등에 대한 각종 기록들을 모아 입직[1]한 검서관[2]이 기초를 만들었다. 이것을 규장각 각신이 교정해 왕에게 바쳤다.

정조 때는 초본을 정서해 닷새에 한 번씩 왕에게 올리거

1 관아에서 당직하거나 숙직하는 일.
2 규장각 각신을 도와 서책의 교정 및 서사(書寫)를 맡아보던 벼슬.

나 처음 기초한 것을 바로 올렸다. 순조 때부터는 한 달치를 정리해 다음 달 20일에 올리도록 규정을 바꾸었다. 빠진 것이 있거나 추가해야 할 부분이 있으면 다음 해 정월(1월)에 허락을 받고 수정했다. 이렇게 작성한 것을 왕이 보고 좋다고 허락하면 책으로 만들었는데, 한 달에 1권이나 2권 정도였다. 책은 궁궐에 보관하고, 본래의 원고인 본초는 규장각에 보관했다.

근세에 편찬한 역사서들은 대부분 과거에 벌어진 사건을 기록한다. 《조선왕조실록》이 왕의 사후에 편찬된 것이 좋은 예이다. 이에 반해 《일성록》은 사건이 벌어진 당시를 기록했다. 《일성록》을 작성하게 된 이유가 국가를 통치할 때 참고로 사용할 목적이 있었기 때문에 바로바로 작성했던 것이다.

《일성록》의 구성

내용은 하루를 단위로 해 같은 날 안에서는 공경스러운 것을 앞에 둔다는 원칙 아래 크게 11개의 분야로 나누어 작성했다. 국왕의 전교[3]나 비답[4]은 전문을 모두 실어 정사는 자세히 기록했으나, 임금의 동정, 신하들의 상주나 장계 등은 간략히 정리해 실었다. 그 순서는 다음과 같다.

1. 〈천문류〉- 비, 우박, 우레, 서리 등이 내린 시간과 측우기로 잰 강수량 등 일기 상황, 자연 재해, 창덕궁에서 관측한 날씨를 기준으로 관상감에서 보고한 내용.

2. 〈제향류〉-왕실이나 국가에서 거행하는 각종 제사와 기우제와 같은 특별한 행사.

3. 〈임어소견류〉-국왕이 직접 관료와 논의한 국정의 내용, 왕과 신하가 경연한 내용.

4. 〈반사은전류〉-관리에게 포상을 내리거나 재해를 입은 백성을 구호하는 내용.

5. 〈제배체해류〉-관료의 임명, 교체, 해직 등 인사에 관한 내용.

6. 〈소차류〉-문무 관원과 유생들이 올린 상소와 차자(箚子)[5]에 대한 것 그리고 그에 대한 국왕의 조처 결과.

3 임금이 내리는 명령.
4 임금에게 아뢴 글, 상주문의 말미에 임금이 적는 가부의 대답.
5 조선 시대에, 일정한 격식을 갖추지 않고 사실만을 간략히 적어 올리던 상소문.

7. 〈계사류〉-의정부, 승정원 등에서 올라온 보고서와 그에 대한 국왕의 조처 결과.

8. 〈초기서계별단류〉- 국정의 특정한 주제에 대해 비변사, 육조, 암행어사 등이 국왕에게 올린 보고서.

9. 〈장계류〉-관찰사, 병사, 수사 등 지방관이나 사행신이 올린 보고.

10. 〈과시류〉-국가에서 실시하는 각종 과거 시험 수행에 대한 내용과 시험 감독관 그리고 합격자의 명단.

11. 〈형옥류〉-의금부와 형조의 죄수 명단, 전국의 범죄인에 대한 심리와 판결에 대한 기록.

이러한 체제와 원칙에 따라 작성하고 맨 끝에 편찬을 담당한 관리의 관직과 성명을 기재해 책임 소재를 분명히 밝혔다.

《일성록》의 역사적 가치

《일성록》이 단순한 국사를 기록한 것만은 아니다. 18세기부터 20세기까지 동서양 간에 있었던 정치와 문화의 교류에 대해서도 기록을 했다. 19세기부터 서양의 제국주의는 전 세계로 확장되었는데, 그중 동아시아는 동서양 강대국들의 치열한 충돌과 투쟁의 현장이 되었고, 그럼으로써 동아시아는 세계사의 중심 무대가 되었다. 《일성록》에는 열강의 팽창과 충돌의 과정이 자세하게 그려져 있어 19세기 후반 이후의 국제 질서를 연구하는 자료로서 매우 중요하다.

뿐만 아니라 세계적인 시대 흐름에 대한 통찰이 담겨 있어 세계사적으로도 대단히 중요한 가치가 있다. 18세기에서 20세기까지 동아시아 국가들은 문화를 발전시키기 위해 서양의 과학과 기술을 받아들였다. 18세기와 19세기에 과학 기술이 조선 각지에 어떻게 전파되었는지 《일성록》에 구체적인 기록이 담겨 있다. 세계의 문화사를 연구하는 데도 꼭 필요한 자료이다.

《일성록》에 따르면 고종은 1881년 개화승 이동인을 일본에 파견해 비밀리에 군함과 총기를 구입하려 했지만 실패했다. 그 후 일본에 있던 미국 상사를 통해 4천 정의 미제 소총을 구입했다고 기록되어 있다.

또 《일성록》에는 일반 백성들의 수많은 상소와 그에 따른 관련 조치들이 포함되어 있어 조선에서도 18세기부터 하층민들의 신분 상승이 있었음을 알 수 있다. 이것은 전 세계의 보편적 현상으로 세계사적으로도 중요한 의미가 있다.

08

조선의 왕이 지향하고자 했던
조선의 정신

조선 왕실의 어보와 어책

• 등재 연도 : 2017년 • 소장 및 관리 기관 : 국립고궁박물관

살아서는 정통성을, 죽어서는 신성성을

조선은 왕위를 세습했다. 세습하는 만큼 왕위 계승에 대한 정통성과 신성성이 필요했다. 국왕의 자리를 이어가는 승계자에게 정통성을 주고, 사후에도 여전히 정통성이 있음을 알리는 신성성을 부여하는 상징물이 있다. 조선 왕실에서 제작했던 '어보'와 '어책'이다.

왕위를 이을 아들(왕세자)과 손자(왕세손) 등 왕실의 승계자는 왕위에 오르기 전에 왕세자나 왕세손에 책봉되는 전례(책례)를 치렀다. 이러한 전례에 쓰인 예물인 어보와 어책, 교명 등이 왕실의 권위를 나타내는 상징물로 쓰였다.

어보는 왕을 책봉하거나 존호를 수여하는 의례에 쓰는 도장으로 금, 은, 옥으로 만들었으며 왕과 왕후의 덕을 기리는 칭호를 올리거나 왕비와 세자, 세자빈을 책봉할 때 만든다. 어책은 대나무(죽책)나 옥(옥책)에 새긴 교서로 세자와 세자빈을 책봉할 때, 비나 빈의 직위를 하사할 때 만든다. 교명은 왕비, 왕세자, 왕세제, 왕세손과 그 빈을 책봉할 때 왕이 내리던 문서를 말한다.

어보와 어책은 살아 있을 때뿐만 아니라 죽은 다음에도

보존되었다. 국왕이 사망하면 국장을 주관하는 국장도감에서 시책[1]과 시보[2]를 제작해 국장을 대비한다. 왕이나 왕비의 3년상을 치르고 나면 조선의 역대 임금과 왕비의 위패를 모시던 왕실의 사당인 종묘에 보존된다.

어보와 어책은 왕실의 책봉과 왕위 등극, 국장, 종묘에 봉안되기까지 주요 의례 거행 시 제작했고, 지금까지도 보존되고 있다. 그래서 왕이 살아 있을 때는 왕실의 정통성을, 왕이 사망했을 경우에는 종묘에 보관해 조선 왕실의 신성성을 보여 주었다. 이는 죽은 왕과 살아 있는 왕을 이어 주는 정치적 기능을 한 것으로, 어보와 어책을 받음으로써 왕권의 계승자로 정통성을 인정받았다.

조선 왕실은 초기인 1411년부터 1928년까지 어보와 어책을 제작했는데, 어보 331점과 어책 338점이 2017년 유네스코 세계 기록 유산에 등재되었다.

어보와 어책은 국가 의례용으로 제작했다. 그렇지만 그것이 품고 있는 내용, 만든 사람, 문장의 형식, 글씨체, 재료

1 시책문을 새긴 옥책이나 죽책.

2 임금의 시호를 새겨 넣은 도장.

와 장식물 들은 조선 사회가 시간이 흐르면서 변화해 온 시대상을 보여 준다. 어보와 어책에 담긴 것을 보면 정치, 경제, 사회, 문화, 예술적인 측면을 다양하게 알아볼 수 있어 그 가치가 뛰어나다.

어떤 문구를 새겼을까

미국으로 불법적으로 반출되었다가 2017년에 다시 돌아온 조선 제18대 왕인 현종(1641~1674년)의 어보를 살펴보자. 효종 임금은 아들 현종을 1651년 왕세자로 책봉할 때 어보 4과를 만들었다. 현종의 사후에 그 어보는 종묘 정전의 현종실에 봉안했다. 현종의 어보는 분실되어 해외에 있다가 '문화재 제자리 찾기' 운동의 일환으로 문정왕후(중종의 계비)의 어보와 함께 2017년에 우리나라로 돌아왔다. 다행히 현종의 세자 책봉 때 어보와 함께 제작했던 죽책과 교명은 유출되지 않았고 국립고궁박물관에 소장되어 있다.

일반적으로 왕세자를 책봉할 때 어보에 '왕세자인(王世子印)'이라는 네 글자를 새기는데, 현종어보에는 '왕세자지인

(王世子之印)' 다섯 글자를 구첩전(九疊篆)[3]의 서체로 새겼다. 이러한 사실은 《(현종)왕세자책례도감의궤》에 적혀 있다. 또한 대나무로 만든 죽책에는 국가의 근본인 세자의 자리가 존귀함을 강조하고 세자의 효성과 총명을 칭찬하면서 옛 성현을 본받아 학문에 힘쓰라는 내용을 새겼다. 붓글씨로 쓴 것이 아니라 대나무에 글자를 새긴 것으로 그만큼 정성을 기울인 것이다.

중국이나 베트남 역시 어보와 어책을 제작하기는 했지만, 조선처럼 광범위하게 책봉에서부터 사후까지 인생 전체를 나타내지는 않았다. 또한 500년 이상 동안 이어왔다는 점에서도 조선의 어보와 어책은 큰 가치가 있다.

옥새와 국새

어보는 왕과 왕비의 덕을 기리는 칭호를 올릴 때나 왕비, 세자, 세자빈을 책봉할 때 만든다는 점에서 나라의 공무에

3 글자 획을 여러 번 구부려서 쓴 서체. 도장 따위를 새길 때 흔히 쓴다.

사용했던 국새와는 다르다.

국가적인 문서에 국왕이 국권을 상징하기 위해 찍는 인장을 새, 보, 어보, 어새, 옥새, 국새 등 다양하게 부른다. '새'와 '보'라는 말에는 나라의 인장이라는 뜻이 있으며, 어보와 어새는 시호[4]와 존호[5] 등을 새긴 왕실의 인장을 말한다. 국새는 국사에 사용하는 관인으로 나라의 중요 문서에 국가의 상징으로 사용한다. 어보는 책봉, 존호, 시호, 추존[6] 등의 의례를 위해 제작한 것임에 반해, 국새는 국왕이 행정적으로 실무를 할 때나 외교 문서를 작성할 때 사용하는 공식적이면서도 실질적인 도장이다.

어보, 어책의 제작과 보관

나라에서 큰일을 치를 때 후세에 참고하기 위해 그 일의 처음부터 끝까지의 경과를 자세하게 적은 책을 〈의궤〉라고

4 왕이 죽었을 때 그의 일생을 평가하고 공덕을 기리기 위해 짓는 호칭.
5 신료들이 왕의 업적을 찬양하기 위해 올리는 호칭.
6 왕위에 오르지 못하고 죽은 임금에게 올리는 호칭.

앞서 설명했다. 1600년대 이후의 〈의궤〉는 남아 있으므로 이를 통해 어보와 어책을 만드는 방법을 알 수 있다. 어보는 각 부위마다, 단계마다 장인들의 협작으로 만들어진다. 그들은 나라에서 인정받는 장인이었다.

어보의 재료는 옥이었는데 왕비로 책봉되면 금으로 바꾸어 제작했다. 어보에 새기는 글은 전문 사서관이 쓰고 사자관이 베낀 뒤 북칠 사자관이나 북칠 화원이 글자를 내려 앉히고, 글자를 새기는 '각장'이 새겼다. 어보는 '보뉴'와 '보신'으로 나눌 수 있는데, 네모 모양으로 되어 있는 보신에 글씨를 새기는 부분을 '보면'이라 한다. 새기는 글씨는 주로 전서체이다. 거북과 용 등이 조각된 보뉴에는 도장을 잡기 편하게 긴 끈인 '인수'가 있다. 거북 모양이었던 보뉴는 대한 제국 때 황제의 위상을 나타내기 위해 용 모양으로 바뀌었다.

어보는 보자기에 싸서 2개의 끈으로 십자 모양으로 묶은 다음, '보통'이라고 하는 내함 안에 넣는다. 보통 안에서 어보가 흔들리지 않도록 흰 솜을 넣고, 좀이 슬지 않도록 천연 방충제 '의향'을 넣는다. 보통을 다시 보자기로 싸고 2개의 끈으로 묶은 다음 '보록'이라는 외함에 넣는다. 보록

안에도 흰 솜과 의향을 넣는다. 보록 앞에 있는 자물쇠를 잠그고 열쇠는 열쇠집에 넣어 자물쇠에 걸어둔다. '초주지'라는 종이로 보록을 봉하고 '신 근봉(臣 謹封)'이라고 쓴 다음, 호갑에 담아 마무리한다.

어책은 옥, 대나무, 금으로 만든 판 여러 장을 연결해 만들기 때문에 판이 흔들려 손상되기 쉽다. 그래서 작은 솜보자기(격유보)를 판 사이에 끼우고 비단갑으로 어책을 감싼 뒤 단추로 잠그고 보자기로 싼 다음 내함에 넣었다. 내함 안에 풀솜을 넣고 자물쇠로 잠근 뒤 다시 외궤에 넣어 보자기로 다시 싸서 보관했다.

교명은 두루마리 형태였기에 비단 보자기로 싸고 끈으로 묶은 뒤 주칠이나 흑칠함에 넣는다. 그 안에 흰 솜과 의향을 넣고 자물쇠를 잠근 뒤 열쇠는 주머니에 넣어 보관했다.

어보와 어책이 지금까지 잘 보존된 이유는 종묘 신실에 봉안하고 관아인 종묘서에서 관리했기 때문이다. 종묘서에서 1년에 한 번씩 살폈고, 국왕도 가끔 종묘를 방문해 상태를 살폈다.

집단 지성으로 인류 공동체 건설

한국의 유교 책판

• 등재 연도 : 2015년 • 소장 및 관리 기관 : 한국 국학진흥원

조선에서 꽃피운 집단 지성

조선은 유교의 이념이 실현된 사회를 추구했다. 당연히 후손들도 유교 정신을 널리 공유하면서 오래도록 이어나가기를 바랐기 때문에 유교에 관한 책을 출판하는 것이 효율적이라 생각했다. 당시에는 책을 출판하는 비용이 엄청나게 많이 들었으나, 유교의 정신을 계승하려는 생각으로 희생을 감수하고서라도 책판을 만들었다. 책판은 책을 인쇄할 수 있도록 만든 판을 말한다.

서책을 간행하기 위해 판각한 '유교 책판'은 718종의 서적, 305개 문중과 서원에서 기탁한 총 64,226장으로 되어 있다. 특히 활자본과 달리 판목에 직접 새긴 목판본으로, 후대에 새로 제작된 번각본[1]도 거의 없어 유일한 판본이다. 유교 책판은 16~20세기 유교 문화의 정수를 보여 준다.

문학을 비롯해 정치, 경제, 철학, 대인관계 등 실로 다양한 분야를 망라하고 있는데 공통적으로 다루고 있는 주제는 바로 유교의 인류 공동체 실현이다.

1 한 번 새긴 책판을 본보기로 삼아 그 내용을 다시 새긴 책.

'공론'을 통해 만들어 낸 목판

조선의 국시가 유교인 까닭에 유교 책판은 국가에서 만들었을 것 같지만 그렇지 않다. 책을 통해 문중-학맥-서원-지역 사회로 연결되는 네트워크를 중심으로 이루어진 집단 지성이 그 주체이다. 후학이 선학의 사상을 탐구하고 전승하며 소통하는 방식으로 집단 지성이 이루어진다. 구성원들은 '공론(公論)'[2]을 통해 인쇄할 서책의 내용과 출판 과정을 결정했다. 판각할 계획부터 판각 내용을 선정하고, 판각 과정과 완성 과정을 감독하고, 서책을 인출하고 배포하는 모든 과정을 같이 논의했던 것이다.

이러한 집단 지성은 20세기 중반까지 스승과 제자의 관계로 서로 밀접하게 연관되었고 이러한 관계는 500년 이상 지속되었다. 이러한 '공동체 출판'은 다른 사회나 국가에서는 유례를 찾기 힘들 정도로 매우 독특한 방식이다.

유교 책판은 조선 시대 유학자들의 문집과 족보, 성리학과 관련한 이론서, 예학서(예법에 관한 책), 역사서, 훈몽서(어린이

2 당대의 여론 주도층인 지역 사회의 지식인 계층의 여론.

를 위한 책), 지리지 등 다양한 분야에 걸쳐 만들어졌다.

1460년에 판각된 《배자예부운략》과 1598년 만든 이우의 《송재선생 문집》 등은 그 가치가 탁월하다. 《퇴계선생문집》 책판은 1600년 도산서원에서 목판본으로 간행한 이후 수차례 교정해 1724년, 1817년, 1904년에도 제작했다.

한국 국학진흥원 장판각에는 1600년 간행된 《퇴계선생 문집》 초간본(49권 27책) 책판 691장과 1904년 판본(66권 27책)의 책판 1,074장이 보관돼 있다. 《퇴계선생문집》은 학술 가치가 매우 뛰어난 유교 책판이다.

지금도 인쇄할 수 있는 유교 책판

그동안 문중과 서원에 흩어져 있던 유교 책판이 한곳에 모이게 된 것은 어떤 이유에서일까? 1970년대 이후 우리나라는 급격한 농촌 사회의 해체로 '유교 책판' 보관에 어려움을 겪었다. 집안의 창고나 헛간에 보관하는 경우도 많았고, 빨래판으로 사용하거나 형편이 어려운 집에서는 땔감으로 사용하기도 했고, 인테리어 소품으로 팔리는 경우도 많았다. 이에 흩어져 있는 유교 책판을 모으고 체계적으로 관리할 필요성이 있었다.

안동에 있는 한국 국학진흥원이 문화체육관광부의 지원을 받아 2002년부터 '목판 10만 장 수집운동'을 벌였고 많은 책판을 모았다. 이것들을 한국 국학진흥원 내에 장판각에 보관해 오고 있다. 한국 국학진흥원은 그동안 목판 연구소를 설립해 유교 책판의 가치를 규명해 왔는데 그 가치가 인정받으면서 2015년에 유네스코 세계 기록 유산으로 등재되었다.

영구적으로 보존되어 온 영원한 학문의 상징으로서 유교 책판은 서책을 원활하게 보급하기 위해 책의 형태로 인출하도록 제작되었으며, 현전하는 모든 책판은 지금도 인쇄가 가능할 정도로 원래의 상태 그대로 유지되고 있다.

유교 책판은 규격은 가로 450~600mm, 세로 180~250mm, 두께 20~30mm, 무게 2~3kg이다. 한 면에는 글자 18~20개가 세로로 조각된 행이 평균 10개씩 있다. 중심부에는 책의 제목과 권차, 장차를 표시한 판심제를 새겼다. 책판에 사용된 나무는 고로쇠나무, 박달나무, 거제수나무, 감나무, 산벚나무, 서어나무 등이다.

백성을 위한 공공 의료

《동의보감》

• 등재 연도 : 2009년 • 보물 제1085호

• 소장 및 관리 기관 : 국립중앙도서관 소장본(국립중앙도서관장), 한국학 중앙연구원 소장본 (한국학 중앙연구원 원장), 보건복지가족부 관리하의 《보감》(대한민국 보건복지가족부), 한국학의학연구원 관리하의 《보감》(대한민국 전통의학 연구·개발 센터인 한국학의학연구원)

《동의보감》의 가치

인구가 늘어나고 문명이 발달할수록 인간 활동 영역의 공간은 좁아지고 있다. 좁아지는 간격만큼, 공공 의료의 가치가 중요해진다. 병을 이기려는 노력을 개인에게만 맡기는 것이 아니라 국가 차원에서 공공 의료라는 개념을 만들고 정책을 마련해 국민의 건강을 도모하는 것이 필수인 시대가 되었다. 예방 의학을 얼마나 잘하느냐에 따라 선진국임을 증명하는 시대다.

세계 보건 기구(WHO)에서는 '신체적 측면뿐만 아니라 정신적으로나 사회적으로도 좋은 상태라야 진정으로 건강한 것'이라고 했다. 이 역시 예방 의학과 공공 의료의 중요성을 강조한 것이다.

지금으로부터 400여 년 전인 17세기 조선에서는 '예방 의학'과 '국가 공공 의료'의 필요성을 절감하고 이를 실현했다. 선진국이라 하는 서양에서도 19세기에 와서야 도입되었으니 조선의 공공 의료 개념의 도입은 굉장히 선진적인 정책이었다.

《동의보감(東醫寶鑑)》은 공공 의료와 예방 의학의 이상을 선포한 국가의 혁신적인 지시에 따라 편찬되었고, 전국에 보급된 책이다.

《동의보감》의 편찬 과정

조선의 14대 왕 선조 때는 임진왜란으로 온 국토가 피폐해질 대로 피폐해져 백성들이 살기 힘들었다. 전쟁을 치를 힘이 없었던 선조는 의주로 피난을 갔다가 서울(한양)로 돌아와 전쟁의 피해를 복구하려 했으나 쉽지 않았다. 백성들은 건강 관리를 한다든가 병을 고치는 등 자신의 몸을 돌볼 여력이 없었다. 이에 선조는 국민의 건강과 안녕이 국가의 책임임을 절감했다.

기존에 있던 의학 서적들이 대부분 없어진 상태라 1596년 선조는 새로운 의학 서적의 편찬을 명했다. 허준, 정작, 양예수, 이명원, 김응탁 등이 편찬 작업을 시작했는데, 세 가지 원칙을 내세웠다.

첫 번째, 예방 의학이라는 원칙이다. 건강한 몸을 지키고 병을 예방하는 것이 병에 걸린 뒤에 치료하는 것보다 낫다는 것이다.

두 번째, 우리에게 맞는 의학으로 정리한다는 원칙이다. 중국에서 수입한 의학책들은 서로 다른 내용이 많았다. 무수히 많은 처방의 요점만을 간추리고 이를 조선에 맞게 편찬한다는 점이었다.

세 번째, 토종 약초를 포함시켜 평민들도 쉽게 치료법을 알 수 있게 한다는 원칙이다. 시골에는 약이 부족하기 때문에 주변에서 나는 약초를 써야 하므로 시골 사람들이 부르는 약초 이름으로 편찬하도록 한 것이다.

이러한 원칙을 세우고 편찬 작업을 진행하던 중, 1597년에 정유재란이 일어났다. 왜구가 다시 쳐들어온 것이다. 편찬 작업을 하던 사람들이 뿔뿔이 흩어지면서 작업은 중단되었다.

전쟁이 끝나고 난 뒤 1601년 선조는 허준에게 왕실에서 갖고 있던 의서《내장방서》500권을 내주면서 다시 편찬을 지시했다. 선조의 지시에 따라 허준은 빠르게《언해태산집요》,《언해구급방》,《언해두창집요》등 세 가지 책을 만들었다.

하지만 공무가 바빴던 허준은 1608년 선조가 승하할 때까지 《동의보감》을 끝내지 못했다. 다음 왕이 된 광해군은 허준에게 선조의 병을 고치지 못한 책임을 묻고 싶지 않았으나 신하들의 성화에 허준을 의주로 유배 보냈다.

유배 중에 허준은《동의보감》편찬 작업에 전념했다. 1년 만인 1609년 귀양에서 풀려나 1610년 8월 《동의보감》을 완성해 광해군에게 바쳤다. 선왕의 유업을 완수한 것에 기뻐한 광해군은 허준에게 말 1필을 상으로 내렸다. 하지만 전쟁의 후유증으로《동의보감》을 출판할 여력은 없었고, 1613년이 되어서야 내의원의 개주갑인자 목활자를 사용해 출판되었다.

《동의보감》의 구성

《동의보감》은 전체 목차 2권, 의학 내용이 23권으로 구성되어 있으며, 그중 의학 내용은 5편으로 구성되어 있다. 5편은, 신체 내부와 관련한 내용을 다룬 〈내경편〉 6권, 신체 외부와 관련한 내용을 다룬 〈외형편〉 4권, 신체 관련 내용에 포함되는 않은 각종 병 이론과 구체적인 병 내용을 다룬

《동의보감》의 구성		
〈내경편〉	6권	신체 내부와 관련한 내용을 다룬다. 내과적 질병과 수양·양로병 목록.
〈외형편〉	4권	신체 외부와 관련한 내용을 다룬다. 외과적 질병 기록.
〈잡병편〉	11권	신체 관련 내용(내과와 외과)에 포함되는 않은 각종 병 이론과 구체적인 병 내용을 다룬다. 특히 부인과와 소아과가 있다.
〈탕액편〉	3권	약에 대한 이론과 구체적인 약물에 대한 각종 지식을 다룬다.
〈침구편〉	1권	침과 뜸의 이론과 실제를 다룬다. 침을 놓는 데 필요한 경혈을 그림으로 그려 설명하고 침을 통해 병을 고치는 방법을 자세하게 설명했다.

〈잡병편〉 11권, 가장 주요한 치료 수단인 약에 대한 이론과 구체적인 약물에 대한 각종 지식을 다룬 〈탕액편〉 3권, 침과 뜸의 이론과 실제를 다룬 〈침구편〉 1권으로 구성되어 있다.

허준은 "건강을 유지하는 가장 중요한 방법은 육체와 정신을 단련하는 것이고, 약과 침은 그다음에 할 일이다."라며 진보적인 의학 사상을 강조했다. 현대 의학이 예방 의학에 중점을 두듯이, 병을 미리 막는 것이 우선이며 병이 생긴 다음에는 제때에 치료해야 한다는 것이다.

우리나라의 의학 전통은 《동의보감》으로 흘러들어왔다가 다시 《동의보감》에서 흘러나갔다는 말처럼 《동의보감》은 조선을 대표하는 의서로 자리 잡았다. 18세기 이후에는 국제적인 의서가 되었는데 현재까지 중국에서 30여 차례 출간되었고, 일본에서도 2차례 출간되었다. 《동의보감》은 국내에서뿐만 아니라 외국에서도 인정을 받아 2009년 7월 유네스코 세계 기록 유산으로 등재되었다.

1613년 처음 인쇄했던 초판본 완질 25책은 지금 전해지지 않고 나중에 대구와 전주에서 목판본으로 출판한 것이 지금까지 남아 있다.

《동의보감》 편찬자, 허준

《동의보감》은 백성들의 건강에 많은 도움을 주었다. 정책상 공공 의료와 예방 의학의 기틀을 마련한 선조의 선택은 옳았고 책을 편찬한 허준(1539~1615년)은 그 완성이었다. 허준이 없었다면 《동의보감》은 없었고, 《동의보감》 명성의 시작과 끝은 허준이라고 해도 지나친 말이 아니다.

조선의 명의라 일컫는 허준은 서자로 태어나 중인 신분이었으므로 벼슬길에 나아가지 못할 것을 알고 의학의 길을 선택했다. 이미 20대에 의술로 유명해져 서울 장안에 이름이 널리 알려졌다. 29세(1574년)에 내의원에 등과했으며 30세에 어의가 되었고, 1590년에는 왕자였던 광해군의 천연두(두창)를 치료해 선조의 신임을 얻었다. 선조는 허준이 서자임에도 정3품 당상관 통정대부라는 벼슬을 내렸다. 광해군의 천연두를 치료한 경험으로 백성들도 알기 쉽게《언해두창집요》라는 책을 한글로 썼다.

1592년 임진왜란으로 선조가 의주로 피신했을 때 옆에서 왕의 건강을 돌본 사람이 허준이었다. 이 공로로 호성공신[1]의 반열에 올랐다.

1607년경 선조의 병이 위중해지자, 허준이 약이 잘못 썼기 때문이라며 연일 허준에게 벌을 주라는 논의가 있었다. 하지만 선조는 의술을 다할 기회를 주어야 한다며 이를 막았으나, 이듬해 선조가 급작스럽게 사망했다. 사간원과 사

1 임진왜란 때 선조를 모시고 의주까지 호위해 따랐던 공으로 이항복 등 여든여섯 사람에게 내린 훈호.

헌부의 계속되는 요청으로 광해군은 어쩔 수 없이 허준의 직책을 파면하고 거처를 제한하는 벌을 내렸다.

허준은 유배지에서 《동의보감》의 편찬에 힘썼고 1610년(광해군 2)에 완성했다. 1612년(광해군 4)에는 함경도 지방에 유행하던 전염병의 예방과 치료법을 담은 《신찬벽온방》을 썼고, 이듬해에는 《벽역신방》이라는 책을 써서 성홍열의 치료법을 밝혔다.

허준은 《동의보감》 편찬의 공을 인정받아 다시 어의가 되었고 75세(1615년)에 세상을 떠났다. 사망 후에 정일품 문무관의 벼슬인 보국숭록대부를 받았다.

'우리나라의 보배로운 거울'이라는 뜻을 가진 《동의보감》의 이름은 광해군이 지은 것이다. 또한 '동의'라는 말은 '중국에서 전래되어 우리나라에서 독자적으로 발달한 전통 의학'으로, '한의학'이라는 뜻이다. 당시 조선에 독자적인 의학이 없는 환경에서 허준은 조선의 현실에 맞는 의학과 조선의 향약[2]을 쓰려는 민족 의학의 전통을 세웠다.

허준은 서자로 자라면서 민중의 고통을 몸소 느껴왔기

2 우리나라에서 나는 약재를 중국 약재에 상대해 이르던 말.

에 항상 백성들이 잘 살기를 바랐다. 그래서 약을 쓰는 것도 우리 땅에서 나는 향약을 쓰는 방법을 찾았으며, 약의 이름도 일반 백성이 쉽게 알 수 있는 한글로 지었다. 이는 《동의보감》의 〈탕액편〉에 잘 나타나 있다.

《동의보감》은 한의학의 백과사전이며 조선 시대와 근현대 한의학 발전에 크게 기여해 동양 의학의 경전이자 세계적인 의학 서적으로도 가치가 있다. 1991년 보물 제1085호로 지정되었다.

이순신 장군의 진중 일기

《난중일기》

• 등재 연도 : 2013년 • 국보 제76호 • 소장 및 관리 기관 : 현충사

이순신 장군이 임진왜란을 승리로 이끌다

한국을 가리켜 '조용한 아침의 나라'라고 했던 인도의 시인 타고르의 말처럼 1592년의 조선도 조용한 아침의 나라였다. 하지만 일본의 침략으로 하루아침에 쑥대밭이 되고 말았다. 전쟁이 일어난 1592년이 임진년이어서 '임진왜란'이라 하고 '7년 전쟁'이라고도 한다.

임진왜란을 일으킨 도요토미 히데요시(豊臣秀吉, 1536~1598)는 일본을 통일하고 중국 명나라의 패권에 도전해, 아시아 대륙으로 진출하려는 야망을 가진 인물이었다.

조선에도 전쟁에 대비할 기회는 있었다. 임진왜란이 일어나기 10년 전에 율곡 이이는 '십만양병설'을 내세우며 나날이 힘을 키우고 있는 일본에 대비해야 한다고 주장했다. 그러나 그 주장은 받아들여지지 않았고, 대신 일본의 군사력을 살펴보는 통신사를 보냈다. 통신사로 간 황윤길은 일본의 침략에 대비해 전쟁 준비를 하자고 주장했고, 김성일은 도요토미 히데요시가 전쟁을 일으키지 않을 것이라 보고했다. 두 사람의 상반된 보고를 받은 선조는 일본이 전쟁을 일으키지 않을 것이라 최종 판단했고, 아무런 대비도

하지 않았다.

1592년 4월 일본군 선봉대가 부산포로 쳐들어왔고 서울을 향한 북진을 계속해 2개월도 못 되어 조선의 전 국토가 유린되었다. 당시 임금인 선조와 세자(광해군)는 평양으로 피난했다.

땅 위에서는 패배를 거듭했지만, 이순신(李舜臣, 1545~1598)이 지휘한 한산도대첩 등 바다에서는 승리가 계속되면서 일본의 해상 작전은 좌절되었고 덕분에 전라도 곡창지대를 지킬 수 있었다. 곳곳에서 유학자와 농민이 주축이 된 의병이 일어나 싸웠다. 12월에 명나라는 4만 3,000여 명의 병력을 파견했고, 1593년 1월 8일 조명연합군(조선과 명나라 연합)이 평양성을 탈환한 뒤 일본과 협정에 들어갔다. 하지만 강화는 결렬되었고 일본이 1597년 다시 침입했다. 땅 위에서는 권율·이시언과 조명연합군의 활약으로 승리했고, 바다에서는 이순신이 해전을 이끌어 전쟁을 끝냈다.

《난중일기(亂中日記)》는 이순신 장군이 임진왜란 기간 동안 직접 쓴 진중 일기이다. 1592년 1월부터 마지막으로 치른 노량해전에서 전사하기 직전인 1598년 11월까지, 거의 날마다 적은 기록으로 총 7책 205장의 필사본이다.

나라를 지킨 이순신 장군

늦은 나이인 32세에 무과에 급제한 뒤 1591년 전라좌도 수군절도사가 되었다. 왜구의 침입을 대비해 거북선을 건조하고 군사를 훈련시키며 군비확충에 힘썼다. 1592년 4월 임진왜란이 일어나자 5월에 옥포 앞바다에서 첫 승리를 거두었고, 한산도대첩에서 일본 배 70여 척을 크게 격퇴했다. 그 공으로 삼도수군통제사가 되었다.

1595년 왜군의 간계와 조정의 모함으로 백의종군했다가 곧바로 삼도수군통제사로 복귀했고, 12척의 배로 300여 척의 왜군을 격파한 명량대첩을 이끌어 왜군의 서해 진출을 저지했다. 마지막 전투였던 11월 노량해전에서 왼쪽 가슴에 탄환을 맞아 전사했다.

전장에서 겪은 내용을 그 자리에서 기록

《난중일기》는 군 사령관이 전장에서 겪은 이야기를 서술한 기록으로서, 세계사에서 그 유례를 찾아보기 힘들다. 이순신 장군의 개인적 소회와 그날의 교전 상황, 날씨나 전장의 지형, 서민들의 생활상까지 상세하게 기록되어 있다. 특히 편찮으신 어머니를 두고 전쟁터로 떠나는 아들의 안타까운 마음을 적은 일기는 그의 효심을 잘 보여 준다.《난중일기》의 문장은 간결하면서도 유려하며, 우리나라 사람들이 애송하는 시 여러 편도 들어 있어 문학적으로도 가치가 있다.

임진왜란 중 땅 위에서 벌어진 전쟁에 관한 자료는 풍부한 반면에, 해전에 대한 자료는《난중일기》가 거의 유일하다. 그렇기 때문에《난중일기》는 당시의 동아시아 국제 정세와 군사적 갈등을 포함한 세계사 연구에 매우 중요한 자료이기도 하다.

《난중일기》는 한국뿐만 아니라 여러 근대 유럽 나라에서 해전 연구에 매우 폭넓게 활용되어 왔다. 예컨대 '세계 최초의 장갑선'인 '거북선'에 대한 기록과 거북선을 이용하는 전술은 전쟁사 연구자들의 주목을 끌었다. 또 일본과 중국이 대량으로 생산된 무기를 임진왜란에서 사용했으며, 동남아시아 여러 국가와 유럽의 용병이 임진왜란에 참전했다는 증거가 발견됨에 따라 세계사적으로도 중요한 의미가 있다.

일본의 도고 헤이하치로(1848~1934) 제독은 이순신을 집중적으로 연구했는데 1905년 5월의 러일전쟁 당시 일본은 대마도 해전에서 이순신의 전법을 활용해 러시아의 발틱 함대를 물리쳤다고 밝힌 바 있다.

원래 이순신이 쓴 일기에는 제목이 없었다. 1795년(정조 19)《이충무공전서》를 편찬하면서 편찬자가 편의상 '난중일기'라는 이름을 붙여 수록한 뒤로, 그렇게 부르고 있다.

오늘날 임진왜란 시기의 해전사를 연구할 때《난중일기》는 반드시 읽어야 할 책이기도 하다.《난중일기》는 1962년 국보(국보 76호)로 지정되었으며 국가 기관인 충청남도 아산시 현충사에 소장되어 있다.

가깝고도 먼 나라, 일본과의 관계

조선 통신사에 관한 기록

• 등재 연도 : 2017년

• 소장 및 관리 기관 : 서울대학교 규장각 한국학연구원, 국립 중앙도서관, 국사편찬위원회 외 25곳

한일 공동으로 유네스코 세계 기록 유산에 등재

조선에서는 일본의 에도 막부의 초청으로 12차례에 걸쳐 일본에 외교 사절단 통신사를 파견했다. 통신사(조선통신사)는 1404년부터 1811년까지 파견했는데, 1607년부터 1811년까지 있었던 통신사에 관한 기록물이 유네스코 세계 기록 유산에 등재되었다.

200년 넘는 기간 동안 12차례 있었던 통신사의 기록물은 한국과 일본이 선린우호의 관계였음을 상징적으로 보여준다.

우리나라와 일본의 조선 통신사 관련 전문가들이 두 나라를 오가며 공동 회의를 하는 등의 긴밀한 협력을 통해 111건 333점(한국 : 63건 124점, 일본 : 48건 209점)의 기록물이 유네스코 세계 기록 유산에 2017년에 공동으로 등재될 수 있었다.

국왕의 뜻을 전달하는 사절단, 통신사 

통신사란 '신의를 나눈다'는 뜻으로 '국왕의 뜻을 전달하는 사절단'을 말한다.

1510년(중종 5)에 왜인들이 폭동을 일으킨 삼포왜란이 발생하자 조선은 세종 이후 파견해 오던 사절단을 파견하지 않았다. 하지만 선조 때 도요토미 히데요시가 끈질기게 요청해 오자 다시 통신사를 파견했다. 이때 파견된 통신사가 조선 침략을 알아보러 갔던 황윤길과 김성일 등 이다.

임진왜란을 치른 조선은 일본과의 외교관계를 단절했다. 일본에서는 전쟁을 일으킨 도요토미 히데요시가 죽고, 그 밑에 있던 도쿠가와 이에야스가 도요토미 일족을 멸하고 에도 막부를 세웠다. 도쿠가와 이에야스는 조선과 국교를 재개하고 싶다고 요청했다.

조선과 왜국의 입장

조선은 일본과의 화해가 달갑지 않았으나 관계를 정상화

하지 않으면 뒷날 문제가 생길지도 모른다는 우려 때문에 통신사를 보내기로 했다. 도쿠가와 이에야스가 어떤 사람인지 살펴보고 일본을 염탐할 목적도 있었고, 임진왜란 당시 끌려간 조선인 포로를 송환하려는 목적도 있었다. 조선은 3회에 걸쳐 '외답 겸 쇄환사'라는 사절을 파견했다.

도쿠가와 이에야스는 일본을 완전히 제압하지는 못한 상태였다. 일본은 정식으로 국교를 맺은 나라가 조선밖에 없었고 전쟁도 끝났으므로 조선과 평화를 유지하며 친밀한 관계를 가질 필요가 있었다.

1607년에 제1차를 시작으로 제2차(1617년), 제3차(1624년) 등 세 차례에 걸쳐 사명대사 유정을 비롯해 사절단을 일본에 파견했다. 세 번의 통신사 이후 조선과 일본의 국교는 조선이 우위에서 진행되었다.

조선 통신사 일정과 규모

통신사로 가는 길은 멀고 험했다. 한양을 출발해서 부산을 지나 쓰시마, 아이노시마, 시모노세키, 교토, 나고야를 거쳐 에도(도쿄의 옛 이름), 닛코(4, 5, 6차 통신사는 도쿠가와 이에야스 무덤이 있는 닛코까지 갔다)에 이르는 길은 육로로, 해로로, 다시 육로로 가야 하는 길이었다. 한양으로 돌아오는 길은 그 반대였다. 짧게는 5개월에서 길게는 10개월이 걸리는 여정이었다. 300~500명 정도의 규모가 오랫동안 함께 움직이는 것은 굉장히 힘든 일이었다. 중국에 사신으로 다녀오는 연행사에 비해서도 그랬다.

사람들은 통신사 일행에 들어가고 싶어 하지 않았다. 타지에서 긴 시간 동안 지내면서 병이 나거나 고생하기도 하고, 죽기도 했기 때문이다. 그래서 일본으로 출발하기 전, 부산 영가대에서 건강하게 살아 돌아올 수 있게 해달라고 용왕에게 해신제를 지냈다. 또 통신사 일행에서 빠지려고 여러 핑계를 대곤 했는데, 그중 늙은 어머니가 아프다는 이유가 제일 많았다고 한다.

하지만 먼 길에 대한 두려움만 있는 것은 아니었다. 새로운 문물을 마주하는 설렘과 벅찬 기대를 갖는 사람도 있었다. 11회 때 동행했던 서기 원중거가 쓴 《승사록》을 보면 그는 원래 일본에 가고 싶은 마음이 없었다가 통신부사로 임명된 사람이 같이 가자고 부탁하는 바람에 지원했고, 나

통신사 일정과 인원

회차	연도	정사	인원	출발	전명의[1]
1	1607(선조 40년)	여우길	504명	1월	6월 6일
2	1617(광해군 9년)	오윤겸	428명	7월	8월 26일
3	1624(인조 2년)	정립	460명	8월	12월 19일
4	1636(인조 14년)	임광	475명	8월	12월 14일
5	1643(인조 21년)	윤순지	477명	2월	7월 19일
6	1655(효종 6년)	조형	488명	4월	10월 8일
7	1682(숙종 8년)	윤지완	473명	5월	9월 27일
8	1711(숙종 37년)	조태억	500명	5월	11월 1일
9	1719(숙종 45년)	홍치중	479명	4월	10월 1일
10	1748(영조 24년)	홍계희	475명	11월	6월 1일
11	1764(영조 40년)	조엄	472명	63년 8월	64년 2월 27일
12	1811(순조 11년)	김이교	336명	12월	12년 5월 22일

중에 추천한 사람이 교체되었음에도 '문득 하늘 끝을 살피고자 하는 생각이 들어' 지원했다고 적었다. 《승사록》에는 통신사에 대해 파악해 볼 수 있는 중요한 글들이 많다.

통신사의 대표인 정사는 참의급에서 뽑았으나, 일본에 가서는 수상과 동급의 대우를 받았다.

1 조선 국왕의 국서를 전달하는 것.

통신사를 극진히 환영한 일본

통신사는 일본의 요청으로 시작된 외교 사절이다. 그래서인지 일본에서의 환영은 어마어마했다. 조선에서 통신사가 온다는 통보를 받으면 대대적인 행사를 준비했는데 일단 통신사가 도착하면 모든 비용은 일본이 담당했고 당시 돈으로 100만 냥이라는 거금을 썼다. 당시 일본의 1년 예산은 70~80만 냥이었다.

조선에서 통신사가 한번 왔다 가면 일본의 각 번[2]은 재정이 휘청거릴 정도였다. 그만큼 일본에게는 조선의 통신사가 중요했다. 도쿠가와 정권으로는 재정이 흔들릴 정도로 돈을 많이 쓰도록 해서 각 번의 세력을 약화시키는 좋은 기회가 되었다. 하지만 비용에 대한 반발도 많아서 마지막 사행(12차)은 쓰시마에서 국서를 교환하는 방식으로 간략하게 진행되었다.

2 제후가 맡아 다스리는 제후국을 가리키는 일본의 행정 구역.

음식 준비

에도 막부는 통신사 영접에 필요한 관리들을 임명하면서 준비를 시작했다. 통신사가 지나가는 길목마다 소요될 경비를 각 번에 할당시켰다. 제일 먼저 300~500명 정도 되는 통신사들이 묵을 공간을 물색했는데, 쉽게 구할 수 없어 새로 짓는 경우가 많았고, 통신사들이 돌아가면 새로 지은 숙소를 유지할 수가 없었기에 바로 허물어 버렸다.

사람들은 통신사가 지나가는 길에 있는 보기 흉한 물건을 집 안으로 들여놓아야 하며, 통과하는 길거리를 깨끗이 청소하고, 긴급한 용무가 아니면 통신사가 지나갈 때 길 양쪽에 나와서 서 있어야 했다.

통신사들이 오기 전에 쓰시마 사람들은 조선 사람들이 좋아하는 음식을 목록으로 작성해 미리 준비했다. 소고기, 돼지고기, 닭고기, 꿩고기 등 다양한 고기와 도미, 전복, 대구, 문어, 새우, 게 등의 해산물 그리고 무, 파, 버섯 등의 채소류와 건어물, 사과, 배, 수박 등의 과일류, 국수와 떡 등의 면과 간식류 등을 준비했다. 간식으로 막대사탕이나 카스텔라 등이 목록에 들어 있는 것은 특이할 만한 사항이다.

조선통신사 수행악대
출처 : 국사편찬위원회, 〈도중행렬도〉, [조선 시대 통신사 행렬](2005), 33면

또한 조선 사람들은 술이라면 종류를 묻지 않고 대체로 모두 좋아한다고 이미 일본은 파악하고 있었다.

통신사를 환영하는 각종 환영 행사

통신사가 해야 하는 가장 중요한 일은 조선 국왕의 국서를 일본에 전하는 것이었다. 국서와 함께 선물로 인삼, 호피, 모시, 삼베, 붓, 먹, 은장도, 청심원, 각종 시문과 서적 등을 준비해 갔다.

통신사가 일본에 도착하면 일본에서는 환영 행사가 열

렸다. 부산을 출발해서 제일 먼저 도착하는 곳이 쓰시마인데, 배에서 내리면 '하선연'이라는 연향을 열어 통신사를 환영했다. 관백이 보낸 사자가 문안하는 '중로문안의', 에도에 도착해 말에서 내리면 '하마연' 연향, 조선 국왕의 국서를 전달하는 '전명의', 국서의 답에 대한 답서를 받는 의례인 '수회답의', 다시 에도를 떠나 전별의 의미로 말을 타기 전에 하는 '상마연', 쓰시마로 와서 조선으로 가는 배를 타기 전 '상선연' 등의 환영과 송별 행사를 열었다. 육로에서 해로로, 해로에서 육로로 배를 타거나 말을 타기 전후에 반가움과 헤어짐의 아쉬움을 나누는 행사를 진행했다.

통신사들은 행사에 참여하면서 일본 사람들이 사는 모습과 풍습을 눈여겨보았다. 통신사들은 인기가 많아서 행사에 참여하거나 길거리를 지나갈 때면 일본 사람들이 시문을 지어 달라고 요청하는 경우가 많았고 글을 써 달라는 요구에 밤을 지새울 정도였다고 한다.

원중거는 《승사록》에, 쓰시마에 머물고 있을 때와 풍본포라는 곳에 정박해 다음 일정을 기다리고 있을 때 같이 간 통신사의 수행 악대가 조선의 음악을 연주해 여행의 시름을 달랬고 일본 사람들도 흥에 겨워 춤을 추었다고 적었다.

부산 동래까지만 들어온 일본

통신사는 한양을 출발해 일본의 심장부라 할 수 있는 에도까지 들어갔다. 그렇다면 일본에서는 사절단이 한양에 왔을까? 일본은 한양까지 들어오지 못했다. 동래(부산)의 왜관에서 실무를 보고 바로 돌아갔다. 임진왜란을 치른 조선으로서는 일본이 조선의 심장부로 들어오는 것을 원하지 않았다. 도요토미와는 다른 정권이었지만 도쿠가와 정권도 믿을 수 없었던 것이다.

무로마치 막부 시대(1336~1573년) 때는 일본의 외교 사절이 한양까지 들어왔다. 외교 사절단이 머무는 '동평관'이라는 전용 숙소도 있었다. 그런데 일본 사신들이 왕래했던 그 길로 들어와 임진왜란을 일으켰다. 대신 동래를 '동래도호부'로 승격시켰다. 동시에 왜인들이 동래의 왜관 등 그 주변 일정 반경을 벗어나는 것을 금지시켰다.

일본에서 조선으로 보내는 사신을 '차왜'라 한다. 조선에서 일본으로 간 통신사 방문은 12차례였던 반면에, 일본은 60여 차례에 걸쳐 조선에 차왜를 보냈다. 통신사와 차왜가 오가는 250년 동안 두 나라는 평화를 유지했다.

통신사로 두 나라가 얻은 이익

통신사를 통해 조선은 일본의 지형이나, 풍속 등을 탐색해 앞으로 있을지도 모르는 비상 사태를 대비할 수 있었다. 일본에 있는 서양의 신무기를 몰래 구해 오기도 했다.

통신사가 돌아올 때는 고구마, 고추, 토마토, 양산, 미농지 등을 가져왔다. 처음 교류를 할 때에는 일본이 조선의 선진 문물을 받아들이는 것이었으나, 차츰 일본의 문화와 경제가 성장하면서 일본의 발전상이 조선의 학계에 영향을 미쳤다. 특히 일본의 출판 문화는 빠르고 규모가 엄청났다. 통신사가 써준 글이 조선으로 돌아갈 즈음 책으로 엮여 나오고, 중국과 조선의 책들이 판매되고 있는 서점의 규모는 통신사에게 충격을 주었다.

통신사가 일본에 다녀오면 일본에는 이른바 '조선 붐'이 일었다. 일본의 유행이 바뀔 정도로 큰 영향을 미쳤는데, 통신사들의 활동을 그린 그림들이 이를 증명한다. 당시 통신사가 준 사소한 선물을 소중하게 간직해 그것을 그들의 문화재로 삼고 있을 정도다. 통신사가 일본에 남긴 것으로는 당인의 춤, 조선 가마, 필담으로 주고받은 시문 등 다양하다.

조선에서 통신사가 옴으로써 일본 도쿠가와 막부는 국제적으로 인정을 받았다는 사실을 일본 내에 과시했고, 중국과의 교섭에도 유리하게 이용했다. 그러면서도 일본은 자국민들에게는 통신사를 조공 사절로 속여 조선을 마치 종속국으로 거느리고 있다고 왜곡해 일본인들의 자부심을 높여 주었다. 네덜란드 동인도회사 쪽에는 조선을 종속국이라 속여 조선과 네덜란드가 직접 교역을 하지 못하도록 막았다.

전 국민이 참여한 경제 주권 회복 운동

국채 보상 운동 기록물

• 등재 연도 : 2017년 • 2,407점의 기록물 : 수기 기록물, 일본 정부 기록물, 당시 실황을 전한 언론 기록물 • 소장 및 관리 기관 : 한국 금융사박물관, 국사편찬위원회, 국가기록원, 독립기념관, 국립고궁박물관, 국채 보상 운동기념사업회, 한국연구원, 서울대학교 중앙 도서관, 고려대도서관, 연세대 학술정보원 등

위기를 극복하려는 민족 공동체 의식

우리나라 사람들은 일찍부터 나라가 위기에 처했을 때 집단적으로 에너지를 모아 극복하려는 민족 공동체 의식이 있었다. 이러한 의식은 의병으로 전쟁에 참여하거나 3·1운동처럼 국민들이 주도하는 만세 운동으로 나타났다. 1907년에는 전 국민이 일어나 국가의 위기를 극복하려는 또 하나의 운동이 있었다. 바로 '국채 보상 운동'이다.

국채 보상 운동은 대한 제국이 일본에 진 나랏빚 1,300만 원을 갚기 위해 빈부귀천, 남녀노소, 도시농촌, 종교사상을 초월해 전 국민이 참여한 경제 주권 회복 운동이다.

앞서 일본은 우리나라를 침략하기 위해 대한 제국에 차관을 적극적으로 빌려주었다. 그 이유는 첫째 대한 제국의 재정을 일본에 예속시키는 것이었고, 둘째는 식민지를 건설하기 위해 차관으로 미리 정지 작업을 하려는 것이었다.

대한 제국이 돈을 빌린 사정은 이렇다. 1904년 한일협약[1]

1 대한 제국 광무 8년(1904)에 일본이 고문정치를 하기 위해 우리나라를 강압해 맺은 협정.

을 빌미로 일본은 아예 일본인 메가타 다네타로를 재정고문으로 파견해 차관을 가속화했다. 1차 차관으로 1905년 1월 '화폐정리자금채'(문란한 화폐를 정리한다는 명목의 비용)라고 해서 관세를 담보로 3백만 원, 2차 차관으로 1905년 6월 정부의 부채 정리와 재정 융통에 필요 자금으로 대한 제국의 국고금을 담보로 해서 2백만 원, 3차 차관으로 1905년 12월 천일은행과 한성은행의 보조 대부와 금융조합 창립자금으로 150만 원, 4차 차관으로 1906년 3월 통감부 개설로 필요한 시정 개선비와 기업자금채로 1천만 원을 도입했다. 총 1,650만 원의 차관 중에 실제로 들여온 돈은 1,150만 원이었다. 거기에 이자를 합쳐 대한 제국의 차관은 1,300만 원이 되었다.

차관의 사용처

몇 년에 걸쳐 들여온 차관을 대한 제국 정부는 어디에 썼을까? 제대로 말하자면 차관을 원래 목적대로 사용하지 않았다. 대한 제국의 요청으로 도입한 것이 아니라 일본이 대한 제국을 식민지로 만들기 위해 강제로 차관을 도입한 것이기에, 차관은 우리나라를 위해 쓰이지 않았다.

1905년 러일전쟁이 끝난 뒤 일본은 대한 제국의 화폐 발행권을 박탈했고, 전환국[2]을 폐쇄했다. 재정고문으로 들어온 메가타는 대한 제국의 재정, 금융, 화폐 제도를 개편해 화폐와 황실의 재정을 정리하고 농업개발 명목으로 토지를 약탈했고, 재정기구를 장악해 높은 이자로 국민들의 자금을 수탈했다. 그 결과 대한 제국의 경제권은 일본에 예속되기 시작했다. 또한 시정 개선비라는 명목으로 빌려온 차관은 일본인이 거주하는 지역의 시설비와 일본인 관리 고용비 등에 사용되었다.

1906년 말에 일본에서 빌려온 차관 1,300만 원은 1907년 6월에 1,840만원으로 늘어났다. 1906년 당시 대한 제국은 세출액이 세입액보다 많은 적자 재정이었다. 일본에서 빌려온 차관은 대한 제국의 1년 예산과 비슷한 규모였다. 그것을 대한 제국이 갚는다는 것은 거의 불가능했다. 더군다나 그 차관은 일본이 대한 제국을 식민지로 만드는 곳에

2 화폐를 주조하던 관아로 고종 20년(1883)에 설치.

만 쓰였기에 대한 제국은 그 돈으로 부를 창출해 낼 수 없었다. 이러다가는 대한 제국이 일본으로 완전히 넘어갈 것 같다는 판단 아래 온 국민이 힘을 모아 경제 자립을 하고 국권을 회복하고자 국채 보상 운동이 일어난 것이다.

대구에서 시작한 국채 보상 운동 

1907년 1월 29일 출판사이면서 애국 계몽 운동을 하던 광문사에서 광문사문회라는 이름을 대동광문회로 바꾸는 문제를 논의하는 회의가 열렸다. 이 자리에서 광문사 부사장 서상돈이 전 국민이 금연으로 돈을 모아 국채를 보상하자고 제의했고 참석자들이 그 자리에서 2,000여 원을 모았다.

광문사의 사장 김광제와 서상돈 등은 국채 보상 취지문을 반포하면서 동참을 호소했고, 제국신문에서 취지문을 맨 처음 보도했다. 대동광문회가 2월 21일 열린 대구 군민대회에서 국채 보상 취지서를 발표하면서 참석한 군민들이 100여 원의 돈을 모았고, 국채 보상 운동은 전국 각지로 퍼져나갔다. 대한매일신보, 황성신문, 제국신문, 경향신문 등 많은 신문들이 국채 보상 운동을 보도해 운동은 더욱 확산되었다. 국채 보상 운동을 적극적으로 앞장서 이끈 중심체는 양기탁과 베델의 대한매일신보사였다.

1907년 2월 21일 대한매일신보에 실린 '국채 보상기성회취지서'를 살펴보자.

> "국채 1,300만 원은 우리 한국의 존망에 직결된 것이다. 2,000만 민중이 3개월 기한으로 담배 피우는 것을 폐지하고, 그 대금으로 한 사람마다 매달 20전씩 거두면 1,300만 원이 될 수 있다. 설령 다 차지 못하는 일이 있더라도 1원부터 10원, 100원, 1,000원을 출연하는 자가 있어 채울 수 있을 것이다."

전 국민이 참여한 국채 보상 운동 

대한 제국의 모든 사람들이 일본에 대항해 경제적 자주권을 지키고 국권을 수호하기 위해 한 푼 한 푼 모아 나랏빚을 갚으려고 자발적으로 참여했다. 지식인과 민족자본가

들뿐 아니라 유림, 하급관리, 노동자와 농민, 부녀자, 군인, 인력거꾼, 상인, 학생, 승려, 기생과 백정 등 우리나라 국민 모두가 기꺼이 참여했다. 특히 한국 최초의 여성 운동이라 할 수 있을 정도로 여성들의 참여가 컸다.

이런 일도 있었다. 모은 돈을 의연소로 옮기던 중에 도적떼를 만났는데, 훔치려던 것이 국채 보상금이라는 것을 안 도적떼들이 자기들이 갖고 있던 것까지 던져 주고 갔다는 것이다.

남자들은 담배를 끊고 그 돈으로 저축하는 방식으로 참여를 했는데, 이에 자극 받아 고종이 담배를 끊고, 고종을 따라 신하들도 담배를 끊었다. 여자들은 비녀와 가락지, 노리개 등을 내놓거나 반찬 가짓수를 줄이며 돈을 모았고, 심지어 머리카락을 잘라 모금 운동에 동참했다. 일본 유학생 800여 명은 담뱃값을 모아 보내오기도 했다.

보상 운동은 1907년 6~8월에 절정을 이루며 1년 정도 계속되었다. 그러자 모은 돈을 관리할 통합기구가 필요했다. 1907년 4월 8일 을사늑약에 반대했던 한규설이 대한매일신보사 내에서 의연금을 관리하는 국채 보상 지원금 총합소 소장으로 참여했다. '헤이그 특사'로 알려진 이준은 보상 운동을 지도하는 국채 보상연합회의소 소장을 맡았다. 안중근은 1907년 2월 평양에서 선비 1천여 명을 모아 연설해 의연금을 모았으며, 국채 보상 운동본부의 관서지부장이 되기도 했다.

국채 보상 운동이 확산하면서 사람들은 국채 보상을 위한 기성회, 동맹, 의무소, 단연회, 찬성회, 부인회, 패물폐지부인회, 부인회 모집소, 애국부인회, 탈환회, 의성회 등을 결성하고 자발적으로 참여했다.

실패한 국채 보상 운동이 '금 모으기'로

민족 지도자들이 이끌고 전 국민이 참여했지만 국채 보상 운동은 끝내 성공하지 못했다. 일본이 국채 보상 운동을 대한 제국의 국권을 회복하려는 '배일운동'이라 규정하고 방해하는 공작을 했기 때문이다.

한국 통감부는 대한매일신보사 사장이었던 영국인 베델과 대한매일신보사의 총무 양기탁이 돈을 횡령했다는 소문을 퍼뜨렸다. 한국 통감부는 국채 보상지원금총합소 2

대 소장 윤웅렬에게 "보상금 3만 원 중 베델과 양기탁이 사취했으므로 그 반환을 요청한다"는 청원서를 제출하라고 사주했다. 베델이 모금한 금액 가운데 2만 원을 이자를 받고 빌려주었다가 이자도 못 받고 원금도 못 받는 일이 생기자 소문은 사실처럼 널리 퍼지기 시작했다. 일진회의 기관지 〈국민신보〉는 두 사람이 국채 보상금을 횡령했다고 기사를 내보냈다. 재판에서 양기탁이 기부금을 횡령하지 않았다는 사실이 인정되어 누명을 벗었으나, 이미 퍼진 소문은 국채 보상 운동을 주도하던 사람들에 대한 불신으로 이어졌다. 이렇게 국채 보상 운동은 사그라들었다. 잘못된 소문을 퍼뜨려 국채 보상 운동을 와해시키려 했던 통감부의 목적이 달성된 것이다.

국채 보상 운동은 자발적인 시민 운동이라는 면에서 의미가 있지만, 한편으로는 자발적이었기에 체계적으로 운동을 펼쳐나가지 못했다는 아쉬움도 크다. 구심점 없이 지휘 체계를 제대로 갖추지 않았기에 일본의 방해 공작이나 탄압에 적극적으로 대처하지 못하고 와해되어 버린 것이다.

1907년 3월부터 1908년 7월까지 모은 돈 20만 원은 교육 사업에 투자하기로 결정되었다. 그러나 일제 강점 직후

경무총감부에 빼앗기면서 국채 보상 운동은 실패로 돌아갔다.

그러나 20세기 말 다시 한 번 제2의 국채 보상 운동이 일어났다. 1997년 IMF금융 위기 때 외환 위기를 극복하기 위해 온 국민이 참여한 '금 모으기'였다. 1907년의 국채 보상 운동을 거울삼아 많은 국민들이 참여했고, 정부 역시 체계적으로 관리하면서 전 세계에 귀감이 되었다.

국채 보상 운동의 의의

1. 대구라는 지방에서 시작해 전국으로 퍼져 나간 최초의 시민 운동이다.

2. 우리나라 최초의 기부 문화 운동이다.

3. 여성 운동, 학생 운동, 언론 캠페인 운동이라는 점에서 역사적 의의가 있다.

4. 국가 부채를 국민이 대신 갚으려 한 운동은 세계사적으로 처음이었다.

국채 보상 운동의 기록물들

유네스코 세계 기록 유산으로 지정된 '국채 보상 운동 기록물'은, 국가가 진 빚을 국민이 갚기 위해 1907년에서 1910년까지 일어난 국채 보상 운동의 과정을 보여 주는 기록물이다.

1. 발기문, 취지문 등의 형태로 구성된 12건의 기록물

전 국민에게 국채 보상 운동에 참여하라는 호소문으로 운동의 취지와 목적 등을 설명한 것이다. 발기문과 취지문은 한지에 한문이나 한글 혼용체의 붓글씨로 기록되어 있으며 '국민된 책임으로 금연 등의 기부 운동을 통해 국채 1,300만 원을 갚아서 나라의 위기를 구하자'라는 내용이다.

2. 각 지역 간의 회문[3], 통문[4] 등 연락문, 보상소 규약, 기부자 명단, 기부영수증 등 75건의 기록물

각 지회에서 작성한 공함[5], 통문, 간찰(편지) 그리고 언론

3 여러 사람이 차례로 돌려 보도록 쓴 글.

사에 보낸 간찰들로 국채 보상의 당위성을 설명하거나 모금 과정의 일화를 기록했다. 또한 당시 백성들은 국한문을 혼용해 구결체로 간찰을 주고받았다는 사실과, 사대부들은 한문 문장을 썼다는 사실로 시대상을 알 수 있다. 무엇보다도 국채 보상 운동이 전국적으로 퍼져나가는 과정을 잘 보여 준다.

3. 121건의 통감부와 총독부의 문서와 기록물

국채 보상 운동의 동향을 파악하려는 통감부와 총독부가 받은 보고서와 정부의 방침을 하달한 명령서이다. 기록물의 성격상 일제가 국채 보상 운동을 어떻게 방해하고 탄압했는지 실상을 알 수 있다. 일제가 조작한 양기탁과 베델의 국채 보상금 공모 은닉에 대한 조사보고 기록물이다.

4 여러 사람의 성명을 적어 차례로 돌려 보는, 통지하는 문서.

5 주고받았던 문서나 편지.

4. 신문과 잡지에 실린 발기문, 취지문, 기부자명단, 논설, 광고 등 관련기사로 2,264건의 기록물

대한매일신보, 황성신문 등 7종의 신문과 〈대한자강회월보〉 등 잡지 3종에 실린 기록물로 국채 보상 운동이 전개된 과정과 그 과정에서 발생한 상황을 지역과 사람에 따라 기록했고, 모금 운동에서 발생한 사건 등을 소개한 기사, 기부자 명단과 모금액 등을 알 수 있다.

이처럼 세계 열강에 맞서 주권을 회복하고자 가장 앞선 시기에 일어났던 국권수호 운동이라는 점을 들어 2017년 10월 31일 유네스코 세계 기록 유산으로 정식 등재되었다.

개발도상국에게 국가 모델이 되다

새마을운동 기록물

• 등재 연도 : 2013년 • 소장 및 관리 기관 : 국가기록원, 새마을운동중앙회

가난을 딛고 새로운 마을을 만들자!

"새벽종이 울렸네, 새 아침이 밝았네."

이른바 '새벽종' 노래라 불렸던 '새마을노래'가 전국의 새벽을 깨우던 때가 있었다. 초등생부터 시작해 중학생, 고등학생들은 이 노랫소리를 듣고 일어나 빗자루를 한 손에 들고 동네를 청소하러 나갔다.

새마을운동은 말 그대로 새로운 마을을 만들려는 운동이다. 생활 환경의 개선과 소득 증대를 도모하기 위해 1970년에 시작된 지역 사회 개발 운동이다.

우리나라는 20세기에 일제 강점기와 한국 전쟁을 겪으면서 한때 세계에서 가장 가난한 나라 중의 하나였다. 이러한 어려움 속에서 새마을운동을 통해 매우 짧은 시간 안에 농촌의 빈곤을 퇴치했으며, 영농을 과학화했고, 농촌 마을을 성공적으로 현대화할 수 있었다. 특히 여성의 사회적 지위를 높이는 기회가 되었다.

당시 우리나라 여성들은 수동적으로 집안에서 일을 해왔는데, 새마을운동은 여성들에게 사회 참여를 할 수 있는 기회를 주었다. 약 34,000개의 전국 각 마을에서 민주적 절

차에 따라 여성 지도자를 선출했기 때문이다. 이러한 방식은 여성들의 리더십 향상에도 기여했다.

새마을운동은 국가 발전을 가속화한 성공 사례로 국제사회에서 많은 주목받았다. 새마을운동 기록물은 기아 극복, 빈곤 퇴치, 농촌 지역 현대화, 여성의 지위 향상을 도모했던 국제 개발 기구와 개발도상국의 국민들에게 유용하게 이용되어 왔다. 새마을운동 문서 기록물이 보여 주고 있는 농촌 발전의 모델은 효과적인 빈곤 퇴치 방안이자 대외 원조의 방안으로도 인정받고 있다.

외국에서도 주목한 새마을운동

새마을운동중앙회는 아시아와 아프리카의 많은 국가를 대상으로 농촌 개발 사업을 수행하고 있다. 아울러 한국의 공식 대외원조기관인 한국 국제협력단(KOICA)은 무상 원조(Grants)와 기술 협력을 통해 캄보디아·르완다 등에 새마을 시범마을을 지정해 마을 환경 개선 사업과 소득 증대 사업을 펼치고 있다.

유네스코 세계 기록 유산에 등재된 '새마을운동 기록물'은 1970년~1979년까지 대한민국에서 전개된 새마을운동을 기록한 것으로 대통령 연설문, 정부 문서, 마을 단위의 기록물, 편지, 새마을운동 교재, 관련 사진, 영상 등으로 이루어져 있다.

새마을운동 기록물은 대한민국 전역에 있는 역사관 및 전시관에 전시되어 왔으며 책자·영상물뿐 아니라 출판물로 다양하게 제작되었다.

세계의 많은 나라에서 새마을운동을 배우기 위해 우리나라를 방문해 교육을 받았고, 많은 나라에서 새마을사업을 전개하고 있다. 새마을운동 기록물은 대한민국 정부와 새마을운동중앙회(서울특별시 강남구)가 소유 및 관리하고 있다.

우리나라 민주화의 밑돌

1980년 인권 기록 유산 5·18 민주화운동 기록물

- 등재 연도 : 2011년
- 소장 및 관리 기관 : 국가기록원, 광주광역시, 육군본부, 5·18기념재단, 국회도서관, 미국 국무성

1980년 5월 광주

1979년 10월 26일 대통령이던 박정희가 김재규 중앙정보부장에게 살해되었다. 박정희는 육군소장이던 1961년에 5·16 군사 쿠데타를 주도해 최고 권력 기관인 국가재건최고회의 의장이 되었고, 1963년에 제5대 대통령에 취임했다. 그 이후로 죽기 전까지 18년이라는 긴 세월 동안 장기 독재 정치를 해왔기에 사람들은 박정희의 죽음으로, 민주주의 시대가 올 것이라는 기대에 부풀어 있었다. 그래서 1980년은 '서울의 봄'이라 불렸다.

그러나 국민들의 기대와는 달리 1979년 12월 12일 박정희 피살 사건 조사를 맡은 합동수사본부의 책임자 전두환은 다시 군사 쿠데타로 권력을 장악했다. 1980년 5월 17일 전두환은 전국에 계엄령을 확대하고 정계를 대표하는 3김(김대중·김영삼·김종필)을 체포하거나 가택 연금했다. 그러자 전국의 학생과 시민들은 반정부 시위를 벌였다. 1980년 5월 18일 광주 시민들은 계엄령 확대에 반대했고, 군사 정부는 평화적인 시위를 진압하기 위해 공수특전단을 광주로 급파했다. 군인들은 무고한 광주 시민들을 무차별적으로 공격했고, 분노한 시민들이 점점 더 많이 시위에 참여했다.

5월 21일, 시민들의 저항으로 시 외곽으로 밀려나던 군인들이 시민들에게 총을 쏘았고, 수백 명의 사상자를 냈다. 광주는 군인에게 포위된 채 외부로 통하는 길이 막혔고 통신 역시 끊겨 완전히 고립되고 말았다.

5월 27일 군인들은 탱크와 헬리콥터로 다시 광주를 공격했고, 광주와 그 주변 지역에서 165명의 시민이 사망했다. 실종자와 부상자가 넘쳐 났고 수많은 사람들이 체포되었다. 피해자들은 환청이나 몽유병, 강박행동 등 몸과 마음에 지울 수 없는 상처를 입었다.

명예 회복

군사 정부는 1980년 광주에서 일어난 일에 대해 공개적으로 논의하는 것을 금지했으나, 1987년의 민주화 투쟁으로 대통령 선거가 치러졌고 1989년에는 '5·18 광주 민주화운동'이라고 공식적으로 불리기 시작했다. 1990년에는 희생자에 대한 보상이 시작되었으며 1995년에는 가해자 처벌에 관한 특별법이 국회에서 만들어졌다.

두 전직 대통령(전두환·노태우)과 고위 관리들에 대한 대법원 선고가 1997년 4월에 있었고, 폭동 혐의로 중형을 선고받았던 항쟁 참가자들이 무죄 판결을 받았다. 1997년에는 5월 18일이 '5·18 민주화운동 기념일'로 지정되었다. 5·18 민주화운동 때 사용된 묘지는 2002년에 국립 묘지가 되었으며 피해자들은 국가 유공자로서 수혜 자격을 얻었다.

5·18 민주화운동과 관련해 시민의 항쟁 및 가해자들의 처벌과 보상에 관한 것을 문서나 사진, 영상 등의 형태로 만들어진 기록물이 유네스코 세계 기록 유산으로 등재되었다. 주제를 나누어 보면 다음과 같다.

1. 공공 기관이 만든 5·18 광주 민주화운동 자료

1980년 5월 18일부터 중앙 정부와 지방 정부의 각 기관에서 만들어진 문서이다. 중앙 정부에서 계엄포고령을 내리고 계엄업무 협조지시문, 비상계엄 및 소요사태에 대한 지시 공문서를 지방 정부에 전달했다. 전남도청, 광주시청 등 지방정부 문서로는 5·18 사태일지, 피해상황, 수습대책, 복구기준, 시체 매장계획, 사망자 인적사항 조사보고, 매장자 명단 등이 있다.

- 수량 : 25건
- 보존·관리 : 국가기록원

2. 국회의 5·18 민주화운동 진상규명 회의록

1988년 국회에서 '5·18 민주화운동 진상조사 특별위원회'가 구성되어 진상규명을 위한 청문회가 개최되었다. 청문회는 '5·18 민주화운동의 발생 배경', '집단발포 명령권자와 책임 소재', '미국의 책임 여부', '5·18 민주화운동의 성격 규정'의 쟁점을 놓고 실체적 진실을 밝히기 위해 진행되었다. 총 17회에 걸쳐 67명의 증인이 소환되었고, 모든 청문회 과정이 TV를 통해 중계되었다.

- 수량 : 4권
- 보존·관리 : 국회도서관

3. 흑백 필름 및 사진 자료

〈전남매일〉, 〈동아일보〉, 〈전남일보〉, 〈중앙일보〉 사진기자들이 목숨을 걸고 찍은 사진자료들이다. 당시 〈전남매일〉의 나경택 사진기자는 5·18 민주화운동 기록의 세계 기록 유산 등재를 위해 소장하고 있던 흑백 필름 2,017컷을 광주광역시에 위탁·기증했다.

- 수량 : 흑백 필름 2,017컷, 사진 1,733점
- 보존·관리 : 광주광역시 5·18 민주화운동 기록관

4. 군사법기관의 재판 자료와 '김대중 내란 음모 사건' 자료

• 군사법기관의 재판 자료

비상계엄령이 발령된 1980년 5월, 비상계엄령을 위반한 사람은 군사 재판을 받고 군검찰로부터 사형을 구형받거나, 군사 재판부로부터 무기 징역을 선고받아 교도소에 갇혔다. 구속된 사람들은 수사 과정에서 고문을 받았고, 일반 시민 상당수는 무혐의로 훈방되었다. 이와 관련한 기록으로 군검찰부 수사 기록, 불기소 처분 수사 기록, 기소 중지자 기록, 군사 재판 자료 등이 있다.

• '김대중 내란 음모 사건' 자료

1980년 7월 당시 정치인이었던 김대중은 5·18 민주화운동의 배후 조종자로 지목되어 신군부의 군법회의에 회부되어 1980년 9월 17일 내란 음모, 국가 전복 혐의로 사형

을 선고받았으며, 1981년 1월 29일 대법원에서 사형 확정 판결을 받았다. 그러나 미국과 외국에서 사형을 중단하라는 압력이 거세졌고, 신군부 세력은 1982년 김대중을 미국으로 강제 추방했다. 1995년 5·18 민주화운동에 관한 특별법이 제정되었고, 관련자들의 재심 청구로 이에 대한 명예 회복이 이루어졌다. 1998년 제15대 대통령으로 당선된 김대중은 임기를 마친 2003년에 재심을 청구해 2004년 무죄를 선고받았다.

- 수량 : 5권
- 보존·관리 : 육군본부

5. 국가의 피해자 보상 자료

1990년 국회에서 '광주 민주화운동 피해자 보상법'이 제정되었다. 이에 따라 사망자, 부상자, 구속자 등 5천여 명의 피해자가 관계 법령에 따라 보상을 받았다. 이 과정을 정리한 자료가 3,880권, 695,336쪽에 이른다. 5·18 민주화운동 피해자들의 보상 기록이자 유형별 피해의 규모와 실체를 살펴볼 수 있는 중요한 자료이다.

- 수량 : 3,880권(695, 336쪽)

- 보존·관리 : 광주광역시청

6. 시민들의 증언 자료

1980년 중반부터 유족, 피해자, 목격자들이 5·18의 진실을 알리고 기록으로 남기기 위해 구술 녹음, 영상 녹화, 채록 작업을 했다. 총 1,472명의 기록과 증언 자료가 등재되었다.

- 증언자수 : 1,472명,

- 보존·관리 : 5·18기념재단, 전남대 5·18연구소, 천주교 광주대교구 정의평화위원회, YMCA, 현대사사료연구소, 국사편찬위원회

7. 시민들의 성명서·선언문, 일기, 취재 수첩

5·18 민주화운동 당시 광주 시민들은 신군부의 폭력을 고발하고 끝까지 저항하며 고립된 광주의 상황을 알리기 위해 성명서, 선언문, 일기를 작성했다.

당시 광주여고 3학년이었던 주소연의 일기, 광주 우체국 공무원이었던 조한유의 일기, 천주교 광주대교구 직원이었던 주이택의 일기, 전라남도 목포시에 거주하던 주부

조한금의 일기 등 당시 시민들이 보고 듣고 느낀 불안과 우려, 분노와 격분 등이 생생하게 표현되었다.

광주에 주재하던 〈동아일보〉 김영택 기자는 금남로에서 자행된 학살, 시민들의 저항, 해방 기간 공동체 활동을 3권의 취재 수첩에 기록했다. 〈동아일보〉 목포 주재 최건 기자는 취재 수첩에 목포 지역에서 발생한 시민들의 투쟁 상황을 기록했다.

- 수량 : 21건(성명서와 호소문 15건, 일기 4권, 취재 수첩 4권 등)
- 보존·관리 : 광주광역시 5·18 민주화운동 기록관

8. 미국의 5·18 관련 비밀 해제 문서

5·18 민주화운동 당시 미국 국무부와 주한 대사관이 실시간으로 주고받은 전신 자료와, 국방부와 CIA에서 만든 문서이다. 5·18 이전 한국의 상황, 12·12 관련, 한국군 내부 동향, 한국의 주요 정치 인물 관련 문건, 5·18 당시 시간대별 상황, 미국에 대한 광주 시민들의 인식, 미국에 미칠 영향 등을 다각적으로 분석하고 보고한 내용이 담겨 있다.

- 수량 : A4용지 3,471쪽
- 보존·관리 : 미국 국무부, 국방부, CIA

9. 피해자들의 병원 치료 기록

5·18 민주화운동 당시 부상자를 치료한 전남대학병원, 조선대학병원, 기독병원, 적십자병원과 개인병원 등에서 작성한 병원의 진료비 청구서와 청구 목록, 진료 기록부, 병상 기록부 일부 등이다. 5·18 민주화운동 당시 피해 시민의 사망 및 상이의 종류, 원인 등이 정리되어 있어 시민들의 피해와 각 병원의 치료 실태를 살펴볼 수 있는 중요한 기록물이다.

- 수량 : 30권(12,766매)
- 보존·관리 : 광주광역시 5·18 민주화운동 기록관

〈1980년 인권 기록 유산 5·18 민주화운동 기록물〉은 5·18 광주 민주화운동의 발생과 억압에서부터 진상 조사 활동과 보상에 이르기까지를 일목요연하게 정리하고 기록한 것이다. 이를 통해 우리는 민주주의가 발전하고 인권 향상이 이루어지는 과정을 잘 살펴볼 수 있다. 5·18 광주 민주화운동은 동아시아 국가의 민주화에도 커다란 영향을 주었을 정도로 역사적으로 중요하며 가치가 크다.

전쟁의 아픔과 상흔을 딛고 평화로

KBS 특별생방송 '이산가족을 찾습니다' 기록물

- 등재 연도 : 2015년
- 소장 및 관리 기관 : 한국방송공사(KBS), 국가기록원, 한국갤럽조사연구소

누가 이 사람을 모르시나요?

우리나라 곳곳에서 이 노래가 흘러나오고, 사람들은 텔레비전 앞에서 눈물을 훔치던 시절이 있었다. 1983년 6월 말의 일이다.

일제 강점기와 한국 전쟁으로 가족과 헤어져 살게 된 사람이 약 1천만 명이나 되므로 KBS는 이산가족을 찾아 주자는 취지로 한국 전쟁 33주년과 휴전협정(1953. 7. 27.) 30주년을 즈음해 KBS특별생방송 '이산가족을 찾습니다'를 기획했다. 처음에는 '누가 이 사람을 아시나요'라는 제목으로 6월 30일 하루만 방영할 예정이었다. 그러나 방송은 1983년 11월 14일 새벽 4시까지 이어졌다.

방송이 나가자 방송국으로 10만 명이 넘는 이산가족의 문의전화가 쇄도했고, KBS로 몰려들어 자신의 사연을 방송하고자 했다. 신청 접수 전화가 하루 6만 통에 이를 만큼 이산가족들의 참여는 대단했다. 미처 사연이 방송되지 못한 사람들은 방송국 건물 벽면이나 바닥, 가로수에까지 벽보를 붙여 헤어진 가족을 찾고자 했다. 실로 세계 방송사상 유례없는 사건이었는데, 전쟁의 상처가 얼마나 깊은지 알 수 있는 사건이기도 했다.

1·4후퇴 때 가족과 월남한 한 남자의 사연을 보면, 16세였던 그는 월남해 서울에 살다가 다시 후퇴하던 중 영등포역에서 피난 열차를 타려다 누나와 헤어졌다. 〈이산가족을 찾습니다〉 방송에 출연 신청을 했지만, 방송에 나가지 못하자 벽보를 붙였고 드디어 누나를 찾을 수 있었다. 누나와 만나는 모습이 생방송으로 중계되었는데, 상봉 당시 감격에 겨워 울면서도 "KBS 만세!"를 외치는 모습은 지금도 강렬하게 많은 사람들의 뇌리에 남아 있다.

책이 아니라 기록물

KBS 특별생방송 〈이산가족을 찾습니다〉 기록물은 KBS가 1983년 6월 30일 밤 10시 15분부터 11월 14일 새벽 4시까지, 방송기간 138일, 방송시간 453시간 45분 동안 생방송한 비디오 녹화 원본 테이프 463개와, 담당 프로듀서 업무 수첩, 이산가족이 직접 작성한 신청서, 일일 방송 진행표, 큐시트, 기념 음반, 사진 등 20,522건의 기록물이다.

이 기록물은 텔레비전을 활용한 세계 최대 규모의 이산가족 찾기 프로그램으로 세계 방송사적으로도 기념비적인 유산이다. 총 100,952건의 이산가족이 신청하고 53,536건이 방송에 소개되어 10,189건의 이산가족이 상봉했다. 방송 전담 인력 1,641명이 투입되었다.

전쟁과 분단을 겪은 나라는 많지만 전쟁의 아픔과 상흔을 TV를 통해 이처럼 가장 처절하게 표현한 프로그램은 〈이산가족을 찾습니다〉가 유일하다. 이 기록물은 KBS의 단독 저작권 관리로 유일본이며 외부 복제는 불가하다. 상봉 신청 명단 총 100,952건은 7권의 책자에 빠짐없이 수록되어 있다. 또한 방송 출연자들이 친필로 적은 신청 접수 대장과 사연판 등이 원본으로 보관되어 있다.

〈이산가족을 찾습니다〉의 기록물은 전쟁의 참상을 전 세계에 고발하고 인권과 보편적 인류애를 고취시킨 생생한 기록이다. 이산가족을 찾겠다는 인파가 넘쳐나는 여의도 광장과 KBS 주변은 전 세계인의 이목을 집중시켰다.

당시 하비에르 페레스 데 게야르(Javier Pérez de Cuéllar). UN 사무총장은 김경원 UN주재 한국 대사와의 회담(1983년 7월 21일)을 통해 이산가족의 비극에 대해 깊은 동정과 이해를 표했고, 제70차 IPU[Inter-Parliamentary Union] 서울 총회에 참석한 7개국 17명의 위원과 국제 인권 연맹 이사 일행이 현장을 방문하기도 했다.

뉴질랜드 오클랜드 시에서 개최된 ABU[Asian Pacific Broadcasting Union] 총회(1983년 10월)에서는 이산가족을 주제로 한 30분짜리 영어판 다큐멘터리가 상영되었다. KBS 본관 중앙홀에 마련된 기자실에는 전 세계 25개국의 기자들이 상주하면서 상봉 소식을 실시간으로 전달했다. 미국 ABC 방송은 '나이트라인(Night Line)'을 통해 생중계하기도 했다.

또한 〈이산가족을 찾습니다〉 방송은 인도적인 관점에서 세계인의 찬사를 받았다. 1983년 9월 6일부터 사흘간 콜롬비아의 카르타헤나 시에서 개최된 제6차 세계 언론인대회는 이 프로그램을 '1983년도의 가장 인도적인 프로그램'으로 선정했다. 1984년 2월 17일 아프리카 가봉에서 열린 제24차 '골드·머큐리 세계평화협력회의' 총회에서는 방송기관으로는 처음으로 '1984 골드머큐리·애드 호너렘(AD HONOREM)'상을 수상하기도 했다. 이 상은 세계 평화에 기여한 인사나 기관에 수여해 왔으나 〈이산가족을 찾습니다〉가 전쟁의 상처를 고발하고 인권과 평화의 중요성을 한국은 물론 전 세계인에게 고취시킨 공로를 인정해 상을 수여한 것이다. 영국 그리니치 대학교에서는 방송학 교재로 사용되기도 했다.

전 세계에 분단과 이산가족의 사례는 많지만, 슬픔과 그리움이 TV프로그램을 통해 이렇게 강렬하게 표출된 사례는 없었다.

〈이산가족을 찾습니다〉는 1985년 9월 남북 이산가족 최초 상봉의 촉매제 역할을 함과 동시에 한반도 긴장 완화에도 기여했다. 방송 2년 후에 북한 대표단이 KBS를 방문했고 역사적인 남북한 이산가족의 최초 상봉(1985년 9월)이 이루어졌다. 이후 2014년까지 남북한의 이산가족 총 18,523명이 상봉하는 성과를 거두었다.

그리고 이산가족 찾기 방송 7년 뒤에는 한국 전쟁의 당사자이자 공산권의 대부였던 소련과의 수교(1990년 9월)도 이루어졌다. 이듬해인 1991년에는 소련이 해체되고 냉전이 종식되었다. 이처럼 KBS의 〈이산가족을 찾습니다〉 방송은 국제 냉전 질서의 극복과 남북한의 긴장 완화에도 크게 기여했다.

봄마중 청소년꿈

우리는 기록하는 민족이야!

초판 1쇄 발행 2025. 5. 25.

지은이 박세경
발행인 이상용 이성훈
발행처 봄마중
출판등록 제2022-000024호
주소 경기도 파주시 회동길 363-15
대표전화 031-955-6031
팩스 031-955-6036
전자우편 bom-majung@naver.com

ISBN 979-11-94728-04-7 43910

값은 뒤표지에 있습니다.
잘못된 책은 구입한 서점에서 바꾸어 드립니다.
본 도서에 대한 문의사항은 이메일을 통해 주십시오.

봄마중은 청아출판사의 청소년·아동 브랜드입니다.